成人之思
与大学生谈人的修养

CHENGREN ZHI SI
YU DAXUESHENG TAN RENDEXIUYANG

肖能 ◎ 著

复旦大学出版社

自　　序

　　笔者在大学中承担思想政治课的教学任务，其中"思想道德修养和法律基础"这门课程主要针对的是大一新生。据笔者多年的观察，许多新生对接下来的四年的大学生涯比较茫然，没有自觉意识到大学与中学阶段的根本不同，还是按部就班、随波逐流的节奏。其实这也很好理解：大家高中一心一意瞄准高考的目标，非常明确，尽管学习比较艰苦，动力却很充沛；进入大学后，未来不是可期，而是还未去真正展望未来，新的目标一时不容易建立起来，同时，大学又相对宽松、自由，因此反而不知道该如何利用这宽松，安排这自由了，茫然于是乎生。

　　出现这类情况，或许需要我们重新反思大学的定位和存在意义。

　　中国社会向来重视教育，但在很多人的心目中，教育的主要功能是以知识、学历来改变人的境遇，即把教育当成阶层流动、身份进化的工具。所以，古人讲"万般皆下品，唯有读书高"，现在讲"知识改变命运"，都是基于同样的认识。不是说教育没有这方面的功用，也不是说教育不能有这方面的功用，而是说，当我们主要从这个角度来理解和对待教育时，问题可能就比较大了。按这种认识,教育既然只是个工具,那么,只要步入了大学之门,就无异于任务基本完成。所以,很多大学生其实是"心"并没有随"人"一道进大学。"心"在大学之外,"人"自然处在"徘徊无定止"、"泛若不系之舟"的状态。

我们应当把"心"也召唤到大学中来。

把"心"召唤进大学,前提是去除读书的工具化态度,把大学的学习当成目的本身。这就带来了对高等教育、对大学的新的态度。大学不仅仅是个供给高深而专门知识、技能的场所,也不仅仅是个发文凭、予出身的地方,还是促使人在其思维最活跃、精力最饱满、个性最自由、求知欲最旺盛的阶段来完善自身之处。简言之,我们可借相对清净的大学来修炼自我,使心智臻于成熟之境。

由此说来,大学相当于现代青年人的"道场",为其正式踏足社会、开展独立的人生做精神的修炼和准备。这种准备越充分,修炼越彻底,其未来的人生发展就越有内在力量的支撑;相反,如果准备和修炼不足,心智得不到跃升,思想和人格的独立性建立不起来,其人生的前景就值得忧虑了。现在不是有"巨婴"一说么!所谓"巨婴",就是在人格应当独立的年龄却独立不起来,且得意于这种不独立的状态。"巨婴"的产生,与成长环境、文化传统有一定关系,但最主要的,还是个人没有付诸足够的精神上的努力去扬弃、超越这种状态。

当我们从心智成熟、人格健全和自我完善的角度来认识大学的存在意义,就和"思想道德修养和法律基础"这门课程联系起来。于是乎,这门课程便具有了大学导论的功能,可以引导我们思考、探究上大学的真正目的,从而令短暂的大学生涯为今后漫长的人生过程做好珍贵的铺垫;可以促使我们把注意力从外在世界转入内心世界并从深度和宽度上加以拓展,变得深邃而丰富;可以启示我们从思想、道德及法律等三个方面来提升自己的修养,即通过理性而令我们的思想自由,形成属于个人的独立认知,并开启良知,不但善作利害判断,还形成更高的是非判断的意识及能力,再就是理解法治与现代社会的关系,认识到现代法治背后所蕴含的以人为本的价值关怀,从而把现代法治和古代法治有效区别开,塑造现代社会所需要的人人应有的"法治思维"。总之,我们通过这门课程的提示,以修养入手,把大学当成"道场",使自己内心"大"起来、成熟起来,做个真正意义上的现代人。

由于这门课内容驳杂,牵涉极广,可谓浩瀚无垠,不可能讲得深入、细致和全面,只能选取一定角度,围绕特定题目、现象来展开,点到为止,其目的是引发思考,而非给出结论。本书则是笔者在教学过程中所产生的种种问题进一步反思的结果,并非严格意义上的学术研究,多泛泛而谈,所以结构较为松散,材料未经细择,论证也不够详密,一些观点大都沿袭、发挥学界已有的成说。尽管有诸多缺憾,稍可自慰的是,本书所涉及的议题全都仔细思考过,乃至包含有个人的某些体验,创见虽说较少,但绝非人云亦云。

此外,笔者要感谢同事唐俊峰博士。本书初稿完成后,曾送俊峰兄征求意见。俊峰兄系西方哲学专业出身,学养深厚,识虑明敏,对文稿慎重对待,毫不虚应,细读不说,还随文做了很多极为精辟的批注，切中肯綮，触及笔者思考、行文中种种不周、不妥之处，读罢既汗颜不已，又收获不少。古人云："如切如磋，如琢如磨。"同道间的切磋、琢磨着实使人进益，避免了闭门造车。

  最后，还要感谢本书的责编文涛师兄。我的几本小书都是文涛师兄编辑的，文涛师兄沉实严谨，兢兢业业，以从未变过的专业精神精心编辑，补我疏漏，匡我不逮，令人既感且佩。

目　录

导　论　大学、大人与修养 …………………………… 1
第一讲　人生观之观 …………………………………… 20
第二讲　寻觅意义的意义 ……………………………… 38
第三讲　理想漫谈 ……………………………………… 55
第四讲　信仰何谓 ……………………………………… 73
第五讲　爱国今论 ……………………………………… 92
第六讲　道德三议
　　　　——起源、真伪和功效 ……………………… 110
第七讲　社会转型和道德 ……………………………… 127
第八讲　职业和职业道德 ……………………………… 144
第九讲　徒法不足以自行
　　　　——法治思维简析 …………………………… 162
进一步阅读书目 ………………………………………… 180

导论 / 大学、大人与修养

我们这个课程叫作"思想道德修养和法律基础",说实在话,很难吸引人的兴趣,因为它的基调是训诫,对我们进行说教,宣讲那些大之又大且正确到无法质疑只能洗耳恭听、照单全收的道理,这未免令人兴味索然;而且,它还是个大杂烩,是个大拼盘。从课程名称来看,显然包含着三个方面的内容:思想、道德和法律。每个内容都很庞大,个个都是复杂的知识体系,更何况还是三合一,那就更复杂了。学这种三合一的大杂烩意义何在?仅仅是端正思想、践行道德及掌握法律以便自觉依法行事吗?如果是的话,这三点其实稍微接受过教育的人都明白,似乎并不需要在大学里专门开课来讲。

但我们认为,这门课程并不是一般人想当然的那样,有它特定的存在意义,尤其是对于大学新生而言,更是如此。意义在哪里呢?

这要联系大学的定位来说。

同学们未入大学时,毫无疑问,对大学皆有过想象和期待。进入大学后,新鲜感已过,该熟悉的慢慢熟悉了,不知道和自己曾经的期待有没有落差?如果有落差,说明现实的大学不符合自己对大学的定义和预期。这就有必要回答一个问题:究竟何谓大学？或者说，大学为什么"大"？——它和中小学有什么区别？

中国古代也有"大学"。儒家有部经典，即《大学》，开篇就说："大学之道，在明明德，在新民，在止于至善。""大学"有三个层次：彰明人自身的美德；且令民众也与时俱新，都臻于至善的境界。中国古人讲大学，相对于小学而言，按照南宋朱熹的讲法，小学是搞好个人卫生，有点文化基础以及应酬人的能力；大学不同，是修齐治平的大学问。这种大学和小学，是学问的层次之分。

我们今天的大学，与传统无关，是受西方影响的产物。当然，西方的大学也有它不断演变的历史，近现代意义上西方大学，主要是从中世纪神学院的基础上发展而来，配合科学的兴起，逐渐把以信仰为主改造成以知识教育为主，科学取代神学，知识取代信仰，专业取代通识，成为大学之主流。近现代意义上的大学，以科学、知识和专业为特征，作为高等人才的培育机构，无疑专门化的人才是它的目标。所以，我们进大学，都有个专业，日后毕业我们从事与专业相关的工作，我们也就有可能成长为该领域的专家。所以，现在的大学主要是造就各种各样的、为社会生活领域所需要的专业人才。中小学和大学的区别，在于它们为大学生产专业人才的流水线提供有待深加工的初、中级的半成品。

这是否是大学在人才培育方面的终极目标呢？

我们以为不然。大学培育人才，应该有两个指向。除了专业人，还有人本身。也就是说，除了成就某种人，还成就人。

大学还应担负"成人"的使命，成人是成为真正意义上的人；真正意义上的人，是大人。由此说来，大学是培养大人的专门机构。有大人就有小人。这个意义上的大人、小人，不是品格之分，而是人格之分。还未成熟的，是小人；心智成熟，独立自主的，是大人。

这门"思想道德修养和法律基础"可以视作培养现代社会"大人"的导论性课程。"大人"，应该在思想、道德和法律这三个方面有所修养。就思想来说，是思想独立；就道德来说，是良知开启；就法律来说，是法权自觉。能做到思想独立，良知发现，法权自觉，我们就可以说是一个现代社会中的"大人"。

一、思想独立

我们在宽泛的意义上，可以说人皆有思想，但不一定皆有独立的思想。许多人的思想其实是被各种外在力量灌输的，是被格式化过了的。这类人的极端情形就是今天大家都讲的"脑残"。"脑残"即完全丧失了思维的独立性，缺乏独立认识和判断的能力，思维弱化，自觉或者不自觉地依照被给定的思维框架及评判标准来认知事物。

"脑残"是如何被制造出来的呢?① 有个例子可以很好地说明。

---

① 本段论述参考了孙立平《脑残是如何发生的》一文的观点，网址：http://www.sohu.com/a/167770063_99958031。

据媒体报道，现在有名为"教练技术"的企业培训项目。其培训目标号称是提升个人潜能，规划好个人发展路径，但经记者的调查发现，其效果恰好相反，令不少受训者步入歧途，生活和职业均受较大的影响。这种类型的培训，有一贯的操作模式。首先，是把受训者集中在封闭的环境内，通讯工具全部上交，不允许与外界沟通；其次，培训师鼓励受训者相互分享个人隐私，且会用背景音乐以及带有催眠性的话语故意营造某种氛围，令人情不自禁地袒露平时羞于启齿的话题，隐私分享的结果是使彼此的心理距离缩短；再次，则设立目标任务并有激励制度，令受训者配对，相互监督，任务完不成者会被当众唾骂、体罚或者罚款；最后，是灌输概念并用实践活动来配合，如对受训者宣传他们所从事的是慈善，是大爱的事业，又组织起来去养老院、学校等地方送温暖，以实际行动在受训者意识中强化慈善和爱的印象。整个培训流程走下来，受训者从平台这里获得了日常生活中未曾拥有、体会到的成就感和价值感，自觉换了个人，造成受训者情感上依赖、认同培训平台，不自觉地疏远正常的生活和工作圈子。

这个例子较为典型，培训平台成功改造学员的过程，就是先逐渐瓦解学员的固有人格，令其一步步丧失思想的自主性，在此基础上，反复输入被精心包装过的观念，内化于学员的心中，完成了精神控制。

如果从更普泛的层面来探讨"脑残"的发生，从上述事例来看，有如下几个惯用的方式。

首先，控制信息接受渠道，令人没有别的选择，没有甄别的可能，只能接受控制者精心组织和反复强化的信息。人的思想基于对他所接收信息的处理。渠道被限定，信息会按照控制者的意愿方式流入人的头脑中，这个时候，他的思想就是在一个封闭的资讯环境中展开，没有参照，没有对比，这会引导他的思维自动生成某些结论。据说中华民国成立后，身为大总统的袁世凯有称帝改制的念头，他极其在意帝国主义列强的反应。袁世凯平素习惯看《顺天时报》，从这报纸能见到各大强国的政治立场。袁世凯的长子袁克定当然希望袁世凯走帝制之路，为坚定其父的决心和信心，想出了个匪夷所思而又大胆无比的点子：派人仿编《顺天时报》，全国独此一份，特供袁世凯，上面全是列强支持、乐见袁世凯改制的言论。袁世凯于是得出错误的判断，以为列强不反对他，于是坚定不移地更改国体，罔顾民意。一辈子玩人于股掌之上的袁世凯居然被自己的儿子暗中控制信息接收渠道，做了冒天下之大不韪的决策，开了历史的倒车，葬送了自己。

其次，是塑造思维框架。给予人一套认识事物、判断现象的思维框架，不必简单、勉强灌输特定的思想，人们也会自然按照这一思维框架来组织材料，得出该结论。很多年前，我们把辩证法简化为几条认知规则，其中一个是"一分为二"，这个认知模式主张事物可无限分为两个对立面，有正有反，有善有恶，有好有坏，有正确有错误，有主有次，有本质有现象，有成绩有不足，等等。所以，接受了这个框架后，一遇到具体问题，就习惯性地从两个方面来比较和判断：批评一个人，先从肯定他开始；谈业绩，以不足来衬托。这样，看问题就自然比较"全面"而不那么"片面"了,对事物自然就比较"透彻"而不那么"模糊"了,认识就自然"深刻"而不那么"肤浅"了。

最后,就是玩弄语言,制造概念。语言能表达思想,同时也能遮蔽思想。思想一旦取得了语言的形式,就会成为人们信之不疑的"成见",人往往迷失于"成见"中。《庄子》里有个"朝三暮四"的故事,就揭示了人的这种迷失。养猴人养了好多只猴子,为它们安排一天伙食:早上三颗橡子,晚上四颗,猴子们龇牙咧嘴,对这种分法表示不满;养猴人换了说法,早上四颗,晚上三颗,猴子们一听,顿时心满意足。《庄子》就此说道:"名实未亏而喜怒为用。"橡子总数不变,仅仅是分配方式改变了,但猴子们一则以喜,一则以怒。猴子的喜怒就被这实不变而名变的说法所引导和控制。社会总是通过制造概念或者重新界定概念的内涵来操控人们的思想。例如,有人问孟子,儒家主张臣不能反君,那么周武王反商纣王是怎么回事?孟子说,商纣王暴虐无道,倒行逆施,是独夫民贼,不是君主,所以周武王不是弑君主,而是诛独夫。小孩子大都怕吃药,一听说是药,嫌苦,一百个不乐意;如果要让小孩子们主动吃药,最好说这不是药而是饮料。因为饮料是甜的,小孩子们都爱,不但配合,甚至还要争抢。经济大环境不好,企业要减员增效,如果大张旗鼓裁员,可能引发方方面面的过度关注,引起不必要的争议,所以许多企业组织了说辞,改变说法,说这不是"裁员",而是"优化人力资源配置"。这样一来,各方面都好交代,说得通了。

那么，我们该如何挣脱束缚，以令思想能独立、自主起来呢？

第一，保持开放性，从不同的渠道、不同的来源获取资讯。《老子》中有句话："不出户，知天下。"常人以为知识来自于见闻，见闻越多，知识越多。老子反其道而行之，却说知天下不必行万里路，足不出户就可以了。老子的意思当然不是要人闭门造车，而是要因人以知人，因事以知事，尽量利用不同的渠道去了解天下。马克思有句名言："人们能够自由地获得世界范围内的最大量的信息，才能得到完全的精神解放。"信息的了解和掌握程度，直接关系到思想的解放与独立的程度。

第二，不受蔽于特定立场，思考角度不拘一格。苏东坡有篇《留侯论》的史论，是评述西汉开国功臣留侯张良。传说张良年轻时因刺杀秦始皇失败，逃亡下邳。曾经遇上奇人黄石公，被授予兵书，从此张良智慧无双，运筹帷幄，决胜千里。因非凡的际遇从而改变了命运，是一般人的认识，苏东坡却不这么看，他觉得这种看法乃无稽之谈，人绝不会因为某本书而变得不凡；他换了个角度思考，人的成熟标志是受得起挫折。黄石公有意羞辱年轻的张良，是借此磨炼张良的心性，使张良坚忍起来，不因小小的刺激就鲁莽行事，令自己陷入危险的境地，轻易挥霍和浪费自己宝贵的生命、才华。有这种精神境界在，才使张良有能力辅助刘邦平定天下。

第三，驾驭语言，理解概念的本性。认识语言的本性，穿透语言的迷雾，跳出语言的牢笼。历史上有很多智者对语言的功能和限制了然于心，如庄子就由得鱼忘筌来类比人应该得意忘言。筌是打鱼的工具，打鱼才是目的；得意是目的，言辞不过是阶梯，目的实现后，阶梯可以撤下。类似的，禅宗讲不立文字，明心见性，同样是要人摆脱文字，在真理性的认识上须有高度的灵活性，不能拘泥于语言的条条框框。

更重要的，是要有批判意识。批判不是批评，不是对某种思想观念的是非对错进行评议和攻击，不是对具体某事说是道非，而是追溯该思想观念得以产生的前提，研讨前提的合理性。德国古典哲学的奠基人康德，他的哲学就被称作"批判哲学"，他有著名的三大批判，即《纯粹理性批判》、《实践理性批判》以及《判断力批判》。他批判的对象，不是具体事物本身，而是对人的理性、意志和情感的反思，探寻人性中这三大本质能力的先验原则。如康德对人的认识能力的批判，他以手术刀般锋利的理性思维一层层解剖知识之所以为知识、知识之所以具备普遍必然性的逻辑前提，从感性的时空到知性的范畴架构，最终落在人的先验自我意识之上，这是人类认识的逻辑起点。既溯其源，自觉循此出发，便为人的认识厘定了边界——有可能被认识的，有不可能被认识的。可能被认识的，是大千万象；不能被认识的，是事物自身。物自身不可知，但须信；物自身不进入认识范围，却须被置于信仰之中。这样，通过批判，康德分清了认识和信仰、可知和可信等泾渭分明的两大领域，由此确立了对待知识和信仰的不同态度。有批判为依据，对待知识和信仰的各自态度才是合理的。康德为后人树立了理性反思的典范。批判使人的思维彻底明晰、清楚，使人不再一股脑儿对各类观念简单肯定或者否定，简单接受或者排斥，随情感、立场或者利益等非理性因素而定,而是追溯前提,探寻条件,厘清范围,划定界限,这样的工作就为人的思想奠定了理性的基础,也就意味着思想的独立。

二、良知发现

道德,在很多哲学家眼里,是人和动物的最重要的区别之一,德国哲学家康德说道德律使人性伟岸而崇高,是人高贵尊严之所在。所以,缺德、失德、不德,在许多道德家看来,无异于堕落如禽兽。

不过,现在有的学者不赞同,他们研究认为,动物也有类似于人类的道德行为,如合群、敬长、助幼、扶困等。但我认为,不能把动物的这些行为称之为道德,只能说是类道德。假设有一天人工智能技术有飞跃的进步,人类发明的智能机器人能自动识别情境,在大街上帮助身体不便者过街道,或者做义工等,不能说他们道德。为什么?这里牵涉到道德之所以为道德的地方,就是道德一定出于行为人的自觉,而不是自动。自觉和自动不同,自觉是有意为之,他知道他在这样做且为什么这样做;自动则不然,或者是自我的本能使然,如动物的所谓道德,或者是被预先设定、安排,如智能机器人。

所以,讲道德,必须从主观心理开始,必须先有自觉的道德意识。道德高于人的自然本能,那么,道德意识从何而来?就此有各种说法,如天赋论、神启论以及人的理性能力或者情感能力等。我们不是讨论道德哲学,所以不必逐一分辨和反思,我们先把道德作为人人皆有但只是处于潜在状态的意识，我们可以用明代哲学家王阳明的概念来说，是"良知"。"良知"，顾名思义，是好的、善的认知，反过来说更显明——"良知"就是"知良"，是人人皆有的判断事物好坏、善恶、良莠的能力。也就是说，不待教导，人就有可能凭自己的能力自主，自觉判断一件事情、一个行为的好坏和善恶，并践行之。

为什么人人皆有呢？我们用一个发生在明代哲学家王阳明身上的故事来说明：据说王阳明任县令时，曾经逮住了一个盗贼，没有惩罚，而是宣讲他的哲学思想——"良知"，启发盗贼的道德觉悟。但那个盗贼听不进去，排斥阳明的教育，还大言不惭地说：凭什么证明人都有良知？阳明不动声色，令人脱盗贼的衣服，刚开始盗贼还无所谓，等到最后底裤快要被扒下的时候，下意识地夹紧双腿，王阳明大喝一声：良知就在这里。良知的最初形态是什么呢？就是一种情感，是羞耻感，是不好意思，是难为情，是内心的愧疚不安。人的自然涌现，不待思索的直接感受，就已经在理性作判断之前表明了人的直接态度——"对"还是"不对"。

如果从修养来讲道德，最重要的不是接受道德知识，如去认识何为诚信，何为正直，何为勇敢等，而是"致良知"，把人潜在的道德意识在各类具体情境中彻底、完全地表现出来，使人成为一个道德主体。

我们要思考的问题是，良知如何被遮蔽？

我们举一个实例来说明。2013年8月7日《新京报》发表了一篇人物访谈，受访者是一个叫张红兵的北京律师，当年他已经五十九岁了,通过《新京报》表达他对母亲的忏悔①。

1970年还在读初中的张红兵,举报母亲在家里发表不当言论,直接导致他母亲被枪决。此事成为他挥之不去的梦魇,几十年来他饱受心灵的折磨。他说:"有很多次,在梦里我见过她,还像临刑前那样年轻。我跪在地上,紧紧拉着她的手,但又害怕她突然消失。我说:'妈妈,不孝儿我给您下跪道歉了!'但是她不回答我。在许多梦境里,她从来不和我说话,我相信,这是她对我的一种惩罚。"

很明显,这是张红兵的良知发现后,自己对自己的"惩罚",他在梦里和母亲说不上话,实际上是在自己良知面前的愧疚。那么,张红兵何以会举报生母呢?

《新京报》的记者问他当年"急于和母亲划清界限,会有自保的原因吗",张红兵说:"从表面上看,我所追求的并非私利,志向纯粹高远,而实质上自保的成分占了非常大的比重。甚至我也把它算作自己的一种政治表现。政治表现可能给自己带来不一样的境遇。不过后来我和弟弟依然没有升高中的机会,不能当兵,不能进工厂,都下放到了农村。"

张红兵对他自己心态的剖析是真实的,也是真诚的。在当时的社会环境下,人们被要求在大是大非的问题上站稳立场,被要求能经受住考验,政治是大于亲情的;人们能大义凛然地和自己最亲近的人就政治立场划清界限,是正当的。但是,从

---

① 见新京报文章《一名红卫兵的忏悔:永不饶恕自己"弑母"》,文章网址:http://epaper.bjnews.com.cn/html/2013-08/07/content_455722.htm?div=-1。

张红兵的叙述中，我们可以看见他潜意识中埋藏的原始动机。懵懵然，他想通过这种大义灭亲的所谓"无私"行为来获取当兵、进工厂等机会，"无私"的背后还藏着更深层次的"私"——这是潜于人性深处的本能。只是一个十六岁的少年涉世尚浅，打错了算盘，愿望落了空，搬起石头砸自己的脚，不仅失去了至亲，还让自己从此心神不安，彻底被置于良知的注视、审判和裁决之下。张红兵一步走错，悔恨终生。我们可以指责张红兵打错了算盘，但不能否认他懂得为自己打算盘。他作祟的私心以及小聪明，把他推入了万劫不复的深渊。当然，最后张红兵良知觉醒，他再也不能自离于悔恨。

从他的经历，我们可以看到，内心中不自觉的"私"以及自以为得计的"智"，乃是遮蔽良知的两大因素。

宋明理学家们就是这样认识的。北宋理学家程颢在《定性书》中认为："人之情各有所蔽，故不能适道，大率患在于自私而用智。"曾有学生问王阳明：人都知道孝顺父母，敬重兄长，却不能做到，这说明知和行不统一，是两件事。阳明回答："此已被私欲隔断，不是知行的本体了。"阳明还说："天下之人心，其始亦非有异于圣人也，特其间于有我之私，隔于物欲之弊。"抛开宋明理学的特定概念，这些对人性的观察和判断，即使放到我们今天，也没有过时，仍然可以给予我们启发。

明白良知被遮蔽的原因，对于如何"致良知"，自然而然就有了相应的修养路径和方法。

第一个，是"无私"。所谓"无私"，不是说不为自己考虑，不顾自己的利益，而是说应该秉承公心，处事公道。简单来讲，就是凡事先问该不该，而不是把于己有利还是无利、利多还是利少放在第一位来考虑。对于该做的事，不计成败利钝，尽力而为；对于不该做的事，即使有利可图，也要坚决止步；并且，对该做的事，亦须按事情本身的理路来，不搞花样。花样翻新，也是私心作祟的表现。

第二个，是"去智"。所谓"去智"，不是说不要智慧，而是不要小聪明。因为小聪明一出来，就有了权衡、比较、算计、投机、作伪、造假等，将扭曲行为。我们从媒体上经常可以看到这样的新闻：有些人为了在旅游景点逃票，费尽了心机，抄小路，翻护栏；有人为了在高峰时间段的地铁上能被人让座，有意假扮孕妇以博取人的同情。再就是研究规则，专门钻漏洞。对于耍弄小聪明的拙劣，古代的智者很多都认识得清楚。《庄子·刻意》说："去知与故，循天之理。"《管子·心术上》："君子恬愉无为，去智与故。"都是把不用小聪明作为走正路的修养方法。

三、法权自觉

今天的中国社会从上到下都在讲法治，法治俨然已成全社会的基本共识。因之，我们有必要去了解法律，掌握法律。不过有个认识的误区有待澄清：了解法律，不等于把法律条文当成知识，做到倒背如流。普法，也不是搞法律知识竞答。中国已经初步建立起中国特色社会主义法律体系，国家各项法律法规已超过了一千部，这么庞大的数量即使是法律专业人士也不一定做到部部精通、如数家珍，更何况是对非法学专业的大学生们？我们学习法治，最主要的还是领会法治精神，培养法治思维。不领会法治精神，就有可能把现代法治误会为两千多年前中国法家所主张和实行的"法治"，要知道，商鞅他们当时在秦国所推行的"法治"，就很坚持立法周全，依法行政，执法必严，违法必究了；不培养法治思维，就有可能习惯性地把法律视作形式和条文，说是一套，实际上遵循的又是一套。

何谓法治精神？法治，是国家治理社会的一种方式，有别于其他的治理方式，如神治、人治等。讲法治，关键之处是要明确法律在社会生活中的地位。人治模式下，也有法律，但法律基本上用如工具，是权力用来体现和行使它的意志的工具。如《管子·法法》说："圣人能生法，不能废法而治。"法律，是明智的"圣人"制定出来管控社会的制度工具。

但现代社会对法律的理解大有不同。法律，不仅仅是个工具性的存在，它自身就有价值。法的价值核心，简言之，在于把人当人来对待。用德国哲学家黑格尔在《法哲学原理》一书中的话来讲，"所以法的命令是：成为一个人，并敬重他人为人"[①]。黑格尔深刻地揭示了法律的内在精神，黑格尔的观点实际上表达的是，近代以来社会转型、资产阶级崛起的大背景下法律要被价值重估的要求。这个时代的法律的基本价值导向，就是把对人的尊重置于首要位置。凡人皆有尊严，尊严必须被尊重，尊重则赖于法律。所以，这样的法律再不是奴役、管制

---

① ［德］黑格尔《法哲学原理》，人民出版社，2016年，第85页。

人的恶法、暴法,而是人之尊严的可靠保障,法治也就成了文明的标志。

我们立刻就可以看到,这种法律观也包含着对人性的预先设定,但不像战国时的法家韩非子那样对准人性的恶,所以把法律作为制裁恶的手段;而是基于人性的自由。人之所以有尊严,又在于人的自由意志,自由意志就表示既可行善也可作恶,无论行善还是作恶,均取决于他自己的意志;这种善恶上的不确定性,非但不构成人必须被严厉管控的理由,反而证实了人的尊严。如果缺乏自由意志,或者不承认有自由意志,那么人就下降成被规定、被安排、被推动的物,物是没有尊严的。

这种法律观把人的自由作为前提,承认人是自由的;进一步还承认人应该是平等的。因为每个人都是人,贫富的差距,地位的高低,身份的贵贱,学识的优劣,只是外在的差异,而作为人都一样。"敬重他人为人",就是每个人把他人作为同样有人格的人来对待。所以,法治的精神蕴含着一种待人的基本态度:人是自由的,人与人是平等的。

按照黑格尔的观点:自由并不抽象,它要过渡到具体的形态,从法律的角度来看,具体的自由是权利。所以,人的尊严反映于他所拥有的种种权利上。尊重人的权利,就是尊重人的自由意志和人格尊严。权利首要的是人身权,如隐私权。窥探、侵犯人的隐私,从本质上讲,就是不尊重人的表现,就是侵犯乃至践踏人的尊严。人权延伸、扩大到物上,就是人对物的所有权。所以,随意侵犯他人之物,其性质等同于侵犯人的尊严。

人的权利要被普遍承认，所以权利背后还隐藏着整个社会的共识，是整个社会在这个问题上共同认可的约定，这就是契约。法治精神蕴含着契约观念。苏格拉底之死，可谓坚守契约精神的光辉典范。苏格拉底被控告引诱青年以及不信神的罪名，经法庭裁定，要判处死刑。这当然是莫须有的罪名，对苏格拉底的审判是不公的。苏格拉底的学生和朋友多方运作，在行刑之前买通了监狱的守卫，准备营救苏格拉底，带他到安全的异邦。明明是被冤屈的，明明有机会逃走，但苏格拉底不为所动，坚决接受法庭的判决。苏格拉底并非率性而为，意气用事，拿生命不当一回事，他有过深思熟虑。苏格拉底认为，他生于雅典，长于雅典，安享城邦带给他的安全和福利，此前从未对雅典的政治、法律有过非议，也没有自由选择移居异邦，这说明内心中已经默认了他和雅典通过法律所缔结的契约关系。此次判决是经过正当程序，依法做出的，不能因判决结果对他本人不利就说法律不公，不执行法律，违背他自己同意的契约。所以，苏格拉底坦然接受了死刑，无怨无悔。苏格拉底以他的自觉赴死表明：作为城邦的公民，无条件尊重法律的判决，是必尽的义务，更是对自己意志和人格的尊重。

尊严和契约是法治精神的内核，是法治得以建立的逻辑前提。中国社会的法治进程还在继续，还有许多障碍，其中与我们论题相关的，就是不重视尊严，不习惯守约。

我们有很多人还不能理解尊严的含义，还把虚荣、面子误认为尊严，以为只要到处玩得转，吃得开，路子广，交情多，人脉资源丰富，做事有人买账，就是有尊严。殊不知，尊严不是受追捧、被逢迎，而是发自内心的尊敬。尊严不是建立在物的基础上，而是人对自己作为一个自由、独立的存在者的自觉。还有一种漠视尊严的常见情形，要单独拿出来讨论，就是把感恩庸俗化，有人把他该做的当成施舍，如企业主把本该充分保障的工资、福利当成对员工的恩赐，以为没了他员工就活不了，活不好，把正常的工作关系转化为施恩和受恩的性质，用这个东西从心理上绑架人，要求回报，以促成人身的依附。这是贬损员工的价值，抹杀其尊严，是对人极大的不尊重。

还有很多人不能从契约的角度来规范他们的社会行为。现代社会以各类规则为枢轴，维持社会的正常运转，规则论其性质应是社会成员相互达成的共识、契约。但遗憾的是，我们经常看见有人为了自己的方便，或者利益，往往不守规则。我们以交通法规为例。交通法规的遵守情况，最能检验出一个社会的法治程度和文明程度。基本上，成年人都能了解交规，可很少有人能绝对遵守交规。尽管现在城市街道上红绿灯、指示标识齐全完备，对人的约束力还是不够，重要路段还是需有专人来维持交通秩序。这说明交通规则作为出行者共同认可的契约，其权威并未深入人心，人们还是根据自己的情况来"灵活"判断要不要遵守交规，而没有把交规当成自己的自由意志的产物，没有意识到违反交规就是违背自己的意志，或者说没有坚持自己意志的一贯性，总是出于临时需要和特殊情况来权衡和改变。

综合以上所述，转回修养的主题，法治对我们普通人的意义在于：领会和把握法治精神，把自我人格中法权的一面建构起来，培养现代法治社会所要求的思维方式，具体来说，就在于两点：自尊和重约。

人的尊严首先表现在自尊上。自尊，就是明确意识到自己是个有尊严的存在者，任何时候都要把尊严放在立身处世的第一位，不可以任何理由来牺牲尊严，辱没尊严。央视曾经报道过，2018年夏季，温州一个准大学生家境贫寒，为攒够学费，一个夏天卖了七万斤西瓜。他自立自强的故事经媒体曝光后，引起当地人广泛的感动和同情，许多人慷慨解囊，愿意无条件资助他读书，但他一分钱也没要，理由很简单，他说："因为这是一个人的原则和尊严。现在我自己有能力，肯定得通过自己的努力去得到自己想要的。这些是拿钱都换不来的。"不轻易接受别人的帮助、馈赠，依靠自己的努力来获得自己想要的，尽管这个过程艰辛、曲折，但一个人的尊严就这样很好地表现出来；尽管生活不会因自己的努力而很快得到改善，但能赢得他人发自内心的尊敬。

同理，自尊心很强的人自然重视契约，自觉遵守各类社会规则，而羞于违背约定，践踏规则。契约，不仅仅是项承诺，更是人格的外化。所以，履行约定，遵守规则，就不是基于利害的考虑，也不是基于个人的习惯或者环境的影响，更是个人对自我人格的自觉。

我们今天讨论大学精神的人，都好引用原清华大学校长梅贻琦的话：大学，不在有大楼，而在有大师。这是至理名言，大学之所以大，就在于有各类举足轻重的大学者，他们在知识和学问上的卓越成就令大学作为学术的殿堂巍然高大，引人景仰。不过，大学毕竟是学校，还承担着陶冶、作育人才的使命；

不仅要使学生在专业的造诣上精深,更要在人格的砥砺上精进——从不成熟逐步迈向成熟之境,成为一个能靠自己的力量立足于社会的"大人"。所以,思想、道德和法律的素养必不可少,有独立的思考能力,有自觉的良知,有明确的法权意识,应超越专业的限制而成为所有大学生的共同的修养目标。

第一讲 / 人生观之观

人生观是对人生总的观点和看法。这是对人生观的教科书式的定义。其实，简单来讲，人生观讨论的是人的活法。这个问题难成定论，往往因人而异，因时而异。每种人都有每种人的活法，喜欢独处与喜欢群居，活法不一样；有钱人和普通人也不一样，不能说前者才有生活，后者则是虚度和荒废。就个人来说，不同的生命阶段，活法也不一样。孔子说："君子有三戒：少之时，血气未定，戒之在色；及其壮也，血气方刚，戒之在斗；及其老也，血气既衰，戒之在得。"这恰好指出了一般大众的阶段性活法：少年时心性不定，向往声色犬马；壮年血气方刚，好勇斗狠；衰老后，贪多务得，细大不捐。

因为存在种种差异，所以有了比较的可能，有了是非优劣、积极和消极的区分。到底孰是孰非？孰优孰劣？哪种活法是积极的？哪种又是消极的？由谁来决定和裁判？这些都是值得思索和探讨的问题。

一、人生观是由谁来制定的

有人说主流的人生观实际上是由各自时代社会中占优势地

位的人来制定的。

我们这个时代是个消费主义的时代,消费决定着我们这个时代绝大多数人的人生观。甚至是特立独行过一种极简单——把消费维持在最低限度——的生活的人,其实也笼罩在消费主义的窠臼中,因为没有消费主义,就没有反消费主义,就像老子说的:"天下皆知美之为美,斯恶矣。"美恶的相反,也相互促成。消费主义的甚嚣尘上,也带来抵制过度消费的潮流。消费主义的制造链条,发起端是生产者,他们从蛛丝马迹中洞察消费的趋向,生产人们需要的商品,再通过广告无孔不入的侵袭、明星的示范效应,还有影视剧的展示、报纸杂志的引导等,把"去买吧"移植入大众的头脑中,又以产品的升级、迭代,把消费者紧紧抓住,简直欲罢不能。消费,就是我们这个时代的时代精神,就是我们这个时代的"神"。消费俨然成为一种新的宗教——生产者是牧师,是布道者,是谆谆教导、指示人生方向的传教士,而消费者则是顶礼膜拜、虔诚无比的信徒,逛街购物如同进入教堂礼拜,掏钱是他们交心的明证,购买—拥有—享受—快乐,是这个宗教的基本教义。这个宗教还是普世的,因为它对人没有区分,也不准备做区分,无论民族、种族、文化、性别、年龄、性格、职业和教养,在它眼中只有一个身份:平等的消费者。

这一切都在商人们不约而同的共谋中,那么,我们能说商人是消费主义时代的人生观的制造者吗?恐怕不能。正如马克思所言,他在《资本论》里批判的不是某个具体的银行家、商人,而是资本的人格化。对神通广大的商人也可以作类似的理解,他们本身也是时代、社会的需要的人格化。

所以,真正规定"人"的活法的,乃社会本身。社会以它的无形之手,安排好了社会成员的可能的人生历程①。

二、人在社会

"人"是在社会中生成的。

这个"人",当然不是生物学意义上的"人",而是文化意义上的。譬如狼孩,在狼群中长大的孩子,从生物学的意义上是"人",在文化意义上则不是;如果未经人类文化的熏陶和塑造,它其实就是一头人形之狼。

被社会创造出来的"人",不再是抽象的"人",都有着具体的身份,如工人、商人、知识人、政客、教师。孔子可谓是中国最早的私家教师,东周时代,社会发展到"知识和文化下移"的阶段、程度,所以要诞生专门以知识的传授为职业的"人",这就是教师。甚至还有虚构的"人"。中国传统社会有青大和侠客一流的人物。包拯就被神化为包青天,铁面无私,是社会公平和正义的化身;手底下还有展昭等侠客为他奔走,意味着公平和正义有维持自身的力量,而非孤立无援。有包青天和展大侠的存在,社会上的冤情得以昭雪,不平得以纠正,正义得以伸张。中国传统社会,法治没有发展起来,权利的观念

---

① 以下论述参考了美国社会学家彼得·L. 伯格《与社会学同游:人文主义的视角》一书中的相关章节,何道宽译,北京大学出版社,2014年。

和制度未在全民中普及、形成，而一个社会的正常运转离不开"正义"——不管如何来定义这个"正义"，在这种情况下，法治不发达而正义又不能完全缺位，于是乎"青天"和"大侠"就应运而生，来作为"正义"的维护者和主持者；即使在现实中这样的人物难得一见，也不妨碍人们通过文学的形式加以想象，以文学的真实来期待现实的真实。从"青天"和"侠客"的出现，可以看得很清楚：社会能创造它需要的"人"，哪怕是现实中不存在的。从这个角度来讲，老子说："道生一，一生二，二生三，三生万物。"就比较好理解了，"道"，即社会本身。"社会"作为先于个人的存在，创造出一系列适合其需要的各色人等。

社会有使"人"自觉进入角色、扮演好角色的控制机制，这些机制有一定的层次性。

如日常生活中的闲言碎语、流言蜚语，都是暗示人有可能偏离角色的轨道，促其回归。鲁迅笔下的祥林嫂，因再婚而被视作失节，所以"不洁"，雇主家举行祭祀，都不许她沾边，以免玷污庄重的仪式。村里的闲人们指指点点，让祥林嫂心事沉重，她的人生经历背离了社会为她所设定的角色，所以活在众人的非议和指戳中，活在闲人们无时不在的闲言中，从而无法心安。

还有一系列制度来具体熏陶、教化和塑造人的行为。这些制度，如家庭、婚姻、经济、宗教等，犹如标准程序，为人的生命的运转提供完备的引导和解决方案。我们分别以"早恋"和"晚婚"为例来说明之。"早恋"，往往令家长和教师们如临大敌，视为洪水猛兽。其实，既然承认是"恋"，不管如何懵懂、稚嫩，就是发育到一定年龄阶段后的生理及心理的正常需要，而冠以"早"的名目，说明这种"恋"是不合时宜的，来得不是时候！"早恋"，在自然意义上是正常的，而在社会意义上却不被允许。由此可知，即使是恋爱，其背后也是"社会"在起主导作用。再以婚姻为例，现代社会使人的自立普遍延后，所以，晚婚是很正常的事。但是晚婚不等于不婚，年轻人大学毕业，工作稳定下来，还没有结婚，即使确因工作繁忙以及环境等问题无暇顾及，或者还想享受责任较少的单身生活以及单纯的恋爱，而暂不把结婚作为急切的需要，这个时候，逢年过节，亲朋聚会，就有所谓的"关心"从四面八方涌过来，令其招架不住，如果摆脱不掉，就不得不听从安排，尽管是搪塞，却也是一种屈从，最终走上结婚之路。足见，婚姻并不是个人的本意，而是社会对人的规定和要求。

社会对"人"最根本的、终极的控制方式，无疑还是暴力。人类步入文明的标志之一，是掌控暴力的行使，令其必要、合理以及正当，令其程序化，不至于陷入盲目的冲动境地。虽是如此，社会不大可能放弃暴力。没有暴力在背后来维持和制裁，越轨就无法制止。《红楼梦》中有段著名的宝玉挨打的故事，可用来说明暴力在引导人回归"正道"的作用[1]。贾宝玉何以被他父亲贾政亲自动手打得死去活来呢？从社会学来看，这是贾政所代表的正统对离经叛道者的惩戒，目的是使其人回归主流。

---

[1] 此处参考骆玉明师《游金梦》一书中的观点，复旦大学出版社，2013年。

像贾宝玉锦衣玉食,享受着他这个权势之家给他创造的优越而风雅的生活。理应好好读正儿八经的四书,走科举之路,步入仕途,以回报他的家族;相反,经常发奇谈怪论,心性不定,成天和大观园的女孩子们厮混在一起——在贾政之类的人看来,这是行将走偏、脱轨的征兆。而贾家作为簪缨世家,历经百年,慢慢露出衰败的趋势,如果家族中再无杰出人物在政坛上有所作为,荫庇贾家,真的就如大厦倾倒。所以,贾府上下把希望寄托在贾宝玉身上,偏偏他不争气,恰逢一连串对贾宝玉不利的事件叠加起来,致使贾政怒不可遏,下了狠手。而且,社会为维持其强大的控制力,皆倾向于垄断暴力。战国时思想家韩非子说游侠是国家应予以重点取缔和打击的几种蠹虫之一,其原因就在于"群侠以私剑养",即游侠们自持武力,自成一系,敢于挑战国家权威,因之有能力吸纳和荫庇人口——这当然是国家所不能接受和容忍的。西汉政权建立后,国家对游侠不遗余力地打击,说明国家对暴力的拥有和使用是排他的。

　　社会的控制机制,最后还要落实到意识形态上。社会为人设立了价值坐标,只有接受价值坐标的定位和评判,人才会被社会最终肯定或者否定,拥有存在感或者遭到无视。人越是接近社会的期待,就越是被视作有价值,这样的人生状态是功德圆满,功成名就,受人敬仰,引人效法,这样的人生就叫作"修成正果"。我们以古典小说《西游记》为例来做说明。如果从人生寓言的角度来解读这部小说,可把孙悟空的经历比作人的成长历程。孙悟空无父无母,从石头里蹦出来,这象征人来自于自然界。他的学艺成功,好比人有了谋生的本领。但此时他还是"野"猴,所谓"野",即还未获得主流社会的承认。孙悟空的大闹龙宫地府,大闹天庭,折腾几个来回,无非就是与社会进行磨合。他被压在五行山底下,这是社会对不驯服者的暴力镇压。孙悟空被唐僧从五行山解救出来,乃他重新为人的契机。起初,孙悟空自己并没有明确意识到这一点,所以大约还保持着当年的野性——他受不了唐僧的唠叨,一气之下撂下挑子走人;准备回花果山,途经东海,顺访龙王。龙王善做思想工作,说:只有追随唐僧取经,才能修成"正果";否则,终其一生也只是个"妖仙"。从社会学的意义来讲,"妖怪"就是被主流社会污名化的边缘人物;至于"正果",正是社会设计和规定的人生正道。孙悟空把这话听进心里,从此,他义无反顾地回归主流,找到了他自己的人生之路,最后成为供人敬仰的佛,完成了自己——把"正果"终于修成。

每个时代都准备了各自的"正果"来供人、导人去修、去争取。例如中国唐宋的社会转型,由高门士族占据要津的时代逐渐转向平民阶层的崛起,且国家提供了制度性的上升渠道——科举考试。北宋真宗皇帝撰《劝学诗》,鼓励天下人向学:"富家不用买良田,书中自有千钟粟。安居不用架高堂,书中自有黄金屋。出门莫恨无人随,书中车马多如簇。娶妻莫恨无良媒,书中自有颜如玉。男儿若遂平生志,五经勤向窗前读。"把读书的好处说得如此之实际、如此之诱人,在历史上并不多见。皇帝其实正式抛出了北宋时代的"正果"——万般皆下品,唯有读书高,劝导大众以读书应考为不二之阶梯,以功名富贵为唯一之鹄的,努力修行,逐次登攀,走这条最有价值的人生之路。

总之,"人"不可避免地处在社会的笼罩之下。打个不确切的比喻,"人"进入社会,就好像接受了社会的预装程序。社会赋予"人"以各种角色、身份,规定好"人"基于各自身份的使命和义务,同时还有相应的激励机制来引导"人"按部就班走好生命的各个阶段。我们所说的人生观,很大程度上是由藏身于个体内的社会在导演和制作。

三、社会规制下的人的活法

"人"的社会化,即被社会赋予特定的角色,接受社会制度、价值观及意识形态的引导、塑造和约束,这是"人"作为社会存在的前提。所以,"人"的活法,其可能的范围其实就在"人"和社会的关系中,就是"人"对待社会的准则和方式。

大略而言,我们说有避、反、顺等几种类型,即避世、反世和顺世。

(一)避

避,即避开社会。

"人"感觉到社会强大的压力和制约,又对个人安全、快乐和自由,对个性的舒展有强烈而执着的偏好,同时深知"滔滔者天下皆是"——社会是不可撼动和对抗的,所以采取回避的态度,刻意与社会保持距离,防止彼此的深度交涉。避世者大多有隐的情怀。

中国古代有很多隐士。隐，就是主动拉开与他者的距离，令自己不为他者所关注，以此把自己"藏"起来。关于隐，也有个发展的过程。一般的，可能针对的是具体的人或者地域，有意避开不愿打交道的人物、地方；更深刻的，则是针对社会本身，即避世。

我们来看最大的隐士陶渊明对避世的真实看法。一般人说陶渊明有睹于晋宋之际社会的黑暗，本人出身名门却为小官，羞于为五斗米而折腰，加之性好山水风景，所以干脆辞职隐居，过着清贫、恬淡而合乎个人兴趣的生活。这说法大抵是不错的。不过，假如仔细揣摩陶渊明的诗文，可发现他之所以选择隐居，倒不完全是针对当时官场的黑暗、污浊与不公；我们设想，当时社会安宁、公道，陶渊明是不是就甘于在朝呢？不一定。与其说陶渊明对某种社会状态不满，毋宁说是对社会本身。除了污浊，可能更令陶渊明不满的，乃是社会的庸俗，而庸俗乃社会的常态。社会可以因政治的清明而安宁、谐和、富庶、公道，却无法疗治它根深蒂固的庸俗。以官场为例，恐怕都免不了刻板的程序、森严的等级、烦琐的规矩，尤其必须要自觉压抑和磨平一己之个性，这些都是陶渊明不愿意接受的。陶渊明认识得相当清楚、透彻，他说："既自以心为形役，奚惆怅而独悲。实迷途其未远，觉今是而昨非。"所以，毅然、决然地选择离开社会，回归田园。

陶渊明的意义还在于：隐，绝不仅仅是身体的避开，更是心灵的超脱。陶渊明有诗："结庐在人境，而无车马喧。问君何能尔，心远地自偏。""结庐在人境"，是说不离群索居，就生存于此世;"而无车马喧",是说活得简单、清净。车马,象征着世俗中人热闹的人情酬酢;"心远地自偏",是说尽管生活在社会中,却不受社会的干扰和影响,原因在"心远"——心灵超脱于社会之外。这就为后人摆脱纷杂的世务、获取心灵的宁静提供了精神资源。

现代社会的复杂、庞大、分化程度早已远远地超过了陶渊明的时代。尤其是人口密集的城市、高度发达的科技,把人卷入分工细密、节奏快速的都市中,人作为棋盘上渺不足道的棋子的感觉分外强烈。陶渊明式的回归内心、看淡世事、与世无争、沉浸在自己兴趣中的简单淳朴的方式,便对人构成了强大的吸引力。据说如今在终南山有数千名隐士,他们甘愿远离繁华的都市而过一种原生态的生活。这种生活方式当然不可能是大多数人的选择,而向往自在、以尽量避开社会的规制又是大多数人的需要,于是就有了现代的"心隐",这就是我们当下流行的"佛系"。

所谓"佛系",是指流行于某些群体中对事不关心、不走心、怎样都行的活法。当然,这里的佛系,只是形式上有点像佛教所宣传的随缘任化、不把闲事放心头的立身宗旨,但与佛教存有根本的不同。佛教要人随缘任化,是彻底觉悟、明了世界的虚空本性,从而消除了执着之念后的结果。"佛系",不过是现代社会里,处于相对弱势地位的群体,在强大的社会竞争格局中无法牢固占有一席之地,因而回到内心,构建自我的世界,而对外在环境干脆听之任之,不关心,也不大计较。

（二）反

反，是逆反社会。

看到了社会的荒谬，以及强权者的霸道与虚伪，还有社会价值体系对"人"的约制，所以以标新立异、悍然不顾的姿态与社会故意反着来，对着干。

魏晋竹林七贤之一的阮籍，其身上就有鲜明的逆世的一面。当时作为正统意识形态的儒家礼法业已失去了在思想信仰上定于一尊的地位，但仍为统治者所宣扬和推崇，用以牢笼人心。阮籍看透了堂皇后面的虚伪，不屑一顾，极其厌恶礼法，他公然表示："礼岂为我辈所设！"他以为像他这样优异的人有超脱礼法的自由裁量权，所以，他在生活中很多方面刻意与礼法规矩对着来。譬如，儒家伦理强调男女之大防，"男女授受不亲"是不容逾越的礼法；阮籍嫂子回娘家，阮籍却当面送行，毫不顾忌礼法中人异样的眼光。

对反世者而言，价值观自然也在攻击之列。孝，是儒家伦理的起点和基础。《论语》说："孝悌也者，其为仁之本与！"汉武帝后，儒家思想成为国家意识形态，孝在社会生活中的位置越发突出。皇帝的谥号必加"孝"，以为天下人示范；《孝经》乃学者必读之书；国家选录人才，一个名目是"孝廉"。但孝道推行到极端，不可避免地出现普遍性的弄虚作假，所以东汉末年流行有俗语"举孝廉，父别居"，以讽刺大量的孝子名不副实。于是有人对此已然伪化的道德观念非常不满，攻击者不绝。名士孔融有"非孝"的言论，这后来成了他被杀的口实之一。

与社会反着来、对着干，除了有意不守通行公认的社会规则、秩序外，还有"仇世"和"玩世"等两种变形的形态。

"仇世"，即仇恨社会。北大研究心理学的学者徐凯文曾介绍他的"反社会人格障碍"研究：他在监狱里为一个犯人做心理矫治，此人就是个典型的仇世者，只要心情不爽，路上看到有人行走，不管男女老少，不分情由，直接上去就一脚把人踹倒，打得皮开肉绽见血，才感觉舒服痛快。他因童年时受过强烈的羞辱，对社会心怀不满，等成年后身强力壮，自恃有了报复社会的资本。无辜的路人，被此人当成社会的靶子来攻击，所以在此人眼里，路人的痛苦激发不起他内心的同情与怜悯[1]。

"玩世"，是隐性的反世。从表面上看，玩世者并不直接和社会对着来，也不施暴报复社会，攻击性和逆反性都不强，但其实骨子里是不屑，所以故意用不恭的态度来处世。明代文人唐伯虎可谓标准的玩世者。他有著名的《桃花庵》诗，表明了他的心志："桃花坞里桃花庵，桃花庵下桃花仙；桃花仙人种桃树，又摘桃花卖酒钱。酒醒只在花前坐，酒醉还来花下眠；半醒半醉日复日，花落花开年复年。但愿老死花酒间，不愿鞠躬车马前；车尘马足富者趣，酒盏花枝贫者缘。若将富贵比贫贱，一在平地一在天；若将贫贱比车马，他得驱驰我得闲。别人笑我太疯癫，我笑他人看不穿；不见五陵豪杰墓，无花无酒锄作田。"唐伯虎年少成名，却因科场舞弊案，断了科举之路，主流

---

[1] 见徐凯文文章《人心、人性远比这个世界任何事物复杂》，网址：http://www.sohu.com/a/272164494_99943119。

社会无情地向他关闭了大门。这条路既然走不通,"正果"此生无望,他索性放弃,以桃花仙人自期,选择了放荡不羁的生活,图自己开心,在旁观者看来未免疯疯癫癫,不像个样,不大正经,而在他自己看来,是把人生彻底看穿、看透的自然而然的结果。"疯癫"和"看穿",一个是社会对游离者的评价,一个是游离者的自我评价,这两种评价方式的尖锐对立,恰好说明了玩世产生的根源。

(三)顺

对社会避开或者违逆,都是极端之举;更具常态的方式,是顺应。

《楚辞·渔父》中,就描写了一个有智慧的顺世主义者:

渔父见而问之曰:"子非三闾大夫与?何故至于斯?"屈原曰:"举世皆浊我独清,众人皆醉我独醒,是以见放。"渔父曰:"圣人不凝滞于物,而能与世推移。世人皆浊,何不淈其泥而扬其波?众人皆醉,何不哺其糟而歠其醨?何故深思高举,自令放为!"

屈原说遭到流放,是因为整个社会污浊唯独他清白,整个社会酣醉唯独他清醒,所以他不被社会所容。屈原的答词非常激烈,他把自己同社会直接对立起来,分属两个极端,一个浑浊一个清白,一个酣醉一个清醒,他认为他不是在与某个邪恶的人、某个邪恶的小集团作斗争,而是与整个社会。这是屈原痛苦的根源,是屈原倍感孤独、不获理解的根源。富于智慧的渔父一听，就知道问题之所在，他给出的解脱路径是顺应社会，而非对抗。"凝滞于物"，是说切勿太执着，太激烈，认死理，咬着某个宗旨和观念不放；"与世推移"，是说随着社会的变化而变化，与时俱变。他人怎样，自己就跟着怎样，没必要把自己弄得特别另类、惹眼，只须内心有所坚守就可以了。

所谓"顺世"，其实包含着两个相反的内容：既与周围人打成一片，不分彼此；又能保持自身的独立性。因为，如果不与周围人打成一片，便容易被视为异类，说成是特立独行，不近人情，甚至逐渐发展成被排挤、被边缘化的态势，使自己与社会处在对立之中；如果不保持、坚守自我，与人打成一片的结果则是被环境完全同化。

顺应式的人生观，坚持的是人的存在不能脱离社会。历史上很多哲人都认识到这一点。如斯宾诺莎说，"唯有人对于人是最有益的"；马克思有名言"人的本质在现实性上是一切社会关系的总和"。孔子周游列国，寻求淑世的机会，偶遇避世者，坦言"鸟兽不可与同群，吾非斯人之徒与而谁与"。佛教本是出世的宗教，要人脱离家庭，参悟真谛，但在传入中国、与中国文化融合的漫长历史过程中，逐步被"中国化"，或者说逐步"入世化"，禅宗六祖惠能很坚决地说："佛法在世间，不离世间觉"——必须在社会当中修行，离开社会觉悟不了。

顺，当然是非常高妙、圆通的处世之道。但在实际中，不是谁都有如渔父的智慧，驾驭世事，游刃有余，得心应手，总难免顾此失彼，偏向一端。

例如，偏向"打成一片"，就容易演变成"精致的利己主义者"。这个概念，是北京大学钱理群教授提出来的，自提出以来，在社会上引起了广泛的共鸣。钱先生在中国顶尖学府待了大半辈子，平生阅人多矣，大概见惯了"聪明人"的表演和套路。他说："我们的一些大学，包括北京大学，正在培养一些'精致的利己主义者'，他们高智商，世俗，老道，善于表演，懂得配合，更善于利用体制达到自己的目的。"利己主义者，之所以称为"精致"，是因为他们深知体制需要人来支持，来呼应，来作受教听命状，且对如此作为者必有回报；体制也是有思维的①，知道这些积极分子的居心，但正如其所料，又离不开他们的配合。所以，双方有心照不宣的"合谋"，互相成全、共赢。

无论是避世、反世和顺世，都是"人"在不同条件下对社会压力的不同反应。无疑，论反应并不局限于以上所提出的三种类型，还有很多种。但不管哪种，最终都可归结到社会规约下的生存取向；"人"对自身可能的生存方式的选择，构成了他的人生观的主要指向，而在这背后则隐藏的是"人"和社会难解难分的关系。那么，从这种关系出发，是否意味着社会犹如如来佛的五指山，给"人"的努力划定了不可逾越的边界？"人"究竟应该何去何从？

四、从"我"开始

任何一种有意义的人生观，都离不开人自己的认知、判断、

---

① 借用当代英国人类学家玛丽·道格拉斯《制度是如何思维的》一书中的概念。另见周雪光的文章《制度是如何思维的?》。

选择和践行；如果没有这些，那么所谓的人生观只是被强加、灌输或者预装。但"人自己"又如何成为可能？

如前所论，立足于不同条件，我们用避、反和顺等不同方式处理与社会的关系，这些方式构成了我们在社会的力量的影响下应对的可能边界，从而说明，无论是避开、逆反还是顺应，都是针对社会而以避世者、反世者及顺世者的角色存在，质言之，仍然是社会作用的产物，仍然受到社会的赋予。有没有所谓的"人自己"，即独立于社会的本真的自我，以相对独立的姿态开始新的人生[①]？

庄子曾经提出过"吾丧我"这个命题。"我"，在庄子的语境中，就是与社会互动中产生的具有种种角色、身份的自我，这并非本真的自我，因为这个自我是有限的，是破损的，是不完整的，人会迷失于其中。唯有把这个自我悬置、忘却，更高的"吾"作为本真的自我才会呈现出来。

彼得·L.伯格以他的理论更清晰、细致地回应和解释了庄子的上述命题："我们以半夜从噩梦中惊醒过来的人为例。在梦境里，他失去了一切身份和定位感。即使在梦醒那一刻，个人生存和世界存在的现实也像是光怪陆离的梦境，似乎刹那间就会消失得无影无踪，或变得面目全非。他躺在床上，似乎处在形而上的瘫痪状态，觉得自己离刚才噩梦中隐约出现的虚无只

[①] 这么说，并不是否定"人的本质在现实性上是一切社会关系的总和"这个命题。首先，这个命题有个限定，讲的是基于"现实性"；再者，成熟的人皆有自我意识，自我意识就是自我把自我本身当成对象的意识，换言之，人可在意识中把自我从自我本身暂时分开，这是人之所以相对超脱的主观意识上的前提。

有一步之遥。在那个短暂的时刻里,他处在清醒的痛苦之中,似乎闻到了死亡缓慢来临的臭味,以及随之而来的一切寂灭后的虚无。接着,他摸索着找到一支香烟,俗话说,他'回到了现实'。他提醒自己他叫什么名字、家住哪里、有何职业、第二天有何打算。他在房子里踱步,看到他在各个角落里留下的过去和现在的痕迹。"① 犹如梦境中的人,失去了一切被赋予的身份,只是个孤零零的、光溜溜的无凭无依的自我,此即类似于庄子所说的"吾",乃自我之本真状态;当开始回忆名字、住址等信息,看到自己过去在房子里所留下的痕迹,即开始给"吾"重新定位,贴上标识,建构身份,确立角色,于是"吾"又变成了现实中的"我"。

  庄子和彼得·L. 伯格从各自的角度提到了"吾"的出现以及"我"的再生,其意皆在提示我们:回归于本真的自我,在一定条件下便可摆脱社会的约制,而使生命具有了另外的一种可能。这种本真的自我,是否真的在现实中存在,并不重要;重要的是,以这种形式的自我为支点,把自己放在与社会相对无关的位置上加以观照、审视和筹划,如此一来,便使我们对自己的人生有了主动规划和掌控的余地。当然,这不意味着我们就可以脱离社会而自行其是,古希腊的斯多葛派对人和命运的关系有个说法:"愿意的人,命运领着走;不愿意的人,命运拖着走。"个人和社会的关系,也可如是观。

---

① [美]彼得·L. 伯格《与社会学同游》,何道宽译,北京大学出版社,2014年,第170、171页。

我们并没有探讨哪一种人生观是正确的,更有价值;而是就人生观本身来反思,如果借用德国哲学家康德的思维模式,就是反思"人生观是如何可能的"。从个人和社会的关系来讲,所谓人生观,究其实质,乃是社会在特定的历史条件下为人提供的生存方式。人们或者选择顺从,或者选择躲避,或者选择对抗,无论哪种,都可视作人在社会这个棋盘上作为一个棋子的走法。明白这一点,并不悲观,而是能促使我们更好地理解我们的角色并把它演好。

第二讲 / 寻觅意义的意义

人生的意义是个令人困惑的重大问题，对这个问题的解答当然不可能形成定论，有一锤定音的确论。古往今来，有许多精妙的比喻被用以形容人生的意义，好莱坞电影《阿甘正传》就借主角阿甘之口说："人生就像一盒巧克力，你永远都不知道下一颗是什么滋味。"这是比喻人生的不确定性。苏东坡说："人生到处知何似，应是飞鸿踏雪泥。泥上偶然留指爪，鸿飞哪能计东西。"苏东坡人生阅历丰富，感慨很多，该诗说人生好像飞鸿偶然落在雪地里，留下了一点点痕迹，随着雪化鸿飞，一切又都不复存在。关于人生的比喻古今中外实在太多，不胜枚举。即使把所有的说法都集中起来，恐怕也不能描绘出关于人生的整幅图景，因为总会有新的可能性出来。人生的最大意义，或许就在于总有新的可能会被制造出来，就在于不能完全被限定住。

问题是，这新的可能如何出现呢？我们在前面曾经把"人"和社会的关系比喻为棋子和棋盘，现实中"人"是作为被规定者而存在的。但"人"一方面被社会规定，另一方面又有能力打破规定，站在社会之外来审视自己的生存。他会在某个时刻突然感悟、觉察到他的被规定的生命并无意义，从而要去追逐真实的意义。由此说来，人生的意义实际上以无意义感的出现为其产生的前提。意义，说到底就是对无意义的克服、扬弃和超越。

所以，无意义，荒诞，是我们讨论人生意义的起点。

一、人生的荒诞

如何说人生的荒诞性呢？

法国存在主义哲学家加缪在《西西弗斯的神话》一书中描述道：随处可在的日常生活细节中，荒谬感会不由自主地产生，"起床，乘电车，在办公室或工厂工作四小时，午饭，又乘电车，四小时工作，吃饭，睡觉；星期一、二、三、四、五、六，总是一个节奏，在绝大部分时间里很容易沿循这条道路。一旦某一天，'为什么'的问题被提出来，一切就从这点带有惊奇味道的厌倦开始了。——这也就足以概括认识荒谬的起源"①。加缪向我们指出，荒诞，不是存在于生活的某个时刻、某个方面，而是存在于一切时刻、一切方面，就是人生的本来面目。

为什么说人生充满着这样浓厚的荒诞意味呢？何以成为人生的本来面目？我们认为，从认识上来看，人生不可理喻；从实践来看，人生总是出现自我否定的情形；从人的内在感受来讲，生命过程中经常涌现意义的缺失而有虚无感。

---

① ［法］加缪《西西弗斯的神话》，杜小真译，人民文学出版社，2012年，第23页。

第一，不可理喻。从认识的角度讲，荒诞就是不可理解，且总是逃避人的理解，在人的理解之外，无规律可循，无轨迹可循。

人之来无根据。人是怎么来的？我们可以回答从父母而来，从父母而来是被精心计划后的产物么？过去有的女孩子被取名为"招娣"，很明显她不是作为预期出现的，即使勉强来到这个世界上，其任务是带来弟弟。即使是男孩又怎么样？东汉末年的孔融，不相信孝道基于父母给予子女的恩情，他说父母哪有恩情，给予子女生命不过是情欲发动后的副产品。子女之于父母，好比装在瓶子中的物件而已。所以，有哲学家说人是被抛在这个世界上的。换言之，人的生存是无根的，他之所以来到这个世界，找不到先行理由。

人之去也不能解释。魏晋名士热衷清谈，这是他们高贵地位和文化优势的标识之一。名士清谈，手执麈尾，妙语如珠，风流潇洒。麈尾之于名士，如剑之于侠士，笔之于文人，是价值的象征物。东晋大名士王濛，是清谈场中的高手，临死之前，不住抚弄麈尾，哀叹：如此之人，居然活不过四十岁。王濛卓尔不凡，他不理解为什么像他这样的人中龙凤，居然英年早逝，这完全不合道理！他觉得优异的人在生命长度上也应该超过庸人，但实际人生却不按照这个道理来运行，王濛体会到了应然和实然的分离，他心有不甘而又无可奈何，只能感叹死亡的无凭。

此外，人生中还充满着预知不了的各种意外。所谓意外，就是不可能被认识的，在预计之外。有部香港电影《意外》，很有哲学思考的深度。影片讲述一个杀手组织，专门制造意外来杀人，事情做得天衣无缝，水到渠成，丝毫看不出有人为操作的痕迹。所以，组织的首脑根本就不相信这个世界有意外，所谓意外，不过是幕后主谋没有被发现的托辞而已。他的妻子死于一场交通事故，抱着这种认识，他不认为是意外，断定是有人想要对他下手从而殃及其妻。他开始怀疑身边人——人的疑心一旦起来，处处都是疑点，于是干脆利落地把他的团队成员一个个用意外的方式予以清除。他自以为找到了最后的策划者，准备也令其死于意外，谁知道他自己反遭不测。临死之前，他终于知道这一切均是意外，这才安然闭眼。他接受了有意外的事实，接受了有些事情是没有主谋、策划者、起因的，只不过是偶然因素的凑集。有人把社会生活的运转理解为一种必然性，是合乎规律的；尽管也承认有偶然，但倾向于把偶然性归结为必然性之内，必然性一定会通过大量的偶然性来为自己开辟道路，把自己实现出来。但我们从实际的社会生活中观察、体会到，偶然就是偶然，不能还原为必然。就好比一场自然灾害，成千上万的人躲闪不及，死于非命，这里面就实在找不到一个理由来解释何以这么多背景不同的人必然同时遇难。

除了偶然，最能表现出人生荒诞的，还有"张冠李戴"式的啼笑皆非、莫知所以的现象。过去有句"张公吃酒李公醉"的俗语，就揭示了人生中到处可见的、张冠李戴的荒唐事。本来，既然张公吃的酒，就应该是张公本人醉，可醉倒的结局落在局外人李公身上，荒谬绝伦。明代小说《金瓶梅》为这种颠倒错乱提供了事例①。武松找西门庆报仇，早有衙门的同事李外传通风报信，西门庆跳窗溜之大吉，武松的气没法出，看到探头探脑的李外传，一股脑全都发泄到他头上，把他活活打死，围观群众说武松认错了人，武松回答："我问他，如何不说？我所以打他。原来不经打，就死了。"武松自认是没错的，错的是李外传自己，一是他自己不事先申明，二是经不起打，言外之意，如果身子骨硬点不就死不了嘛。这真是不可理喻的歪理。作者于是乎在此感慨"张公吃酒李公醉"。民间中还有类似的谚语，如"杨树不打打柳树"，意在形容张冠李戴式的荒诞。

  第二，自我否定。从实践上讲，人越是想要有为，越有可能走向自我否定、自相矛盾的结果，走到了自己初心、意图的反面。用法国哲学家萨特的话来说，即是其所不是，不是其所是。

  大导演希区柯克以探索人心的幽微、阴暗的一面而出名，他擅长编写悬疑故事。其中有个叫《黑帮老大》的故事，讲某个海员凌晨在酒吧里和一个衣冠楚楚的无名老人发生冲突，失手杀死了老人。海员害怕，想要带着他的同居女友在天亮前赶紧出海，逃之夭夭；但他没出海的路子，女友出了个主意，找当地黑帮老大帮忙，这老大一言九鼎，没有办不成的事，只要他肯施以援手，没有不成的。海员于是像没头苍蝇，到处问话。他从酒吧的酒保那里得到信息，到该老大心腹位于市内的豪华赌场里，虽没找到人，却问到了黑帮老大情妇的地址；到情妇的住所，得知其人已经离开，又问到家庭住址；等他赶到黑帮

---

① 以下引用骆玉明师《游金梦》中的观点，复旦大学出版社，2013年。

老大家里,一片寂静,众人神情肃穆,地上有躺着的尸体,原来该老大刚被人在酒吧里杀害。事情至此,真相大白,海员所要求助的黑帮老大就是被他杀害的老人。这真是荒诞绝顶的一个故事:海员的得救之本就是他的致祸之由。

美国心理学家卡伦·霍妮在《我们内心的冲突》一书中,列举过一些日常生活中比较常见的自相矛盾的现象:"比如一个非常想结婚的女孩却不能接受任何男子对她表达的爱;一位母亲很宠爱孩子,但是对于孩子的生日,她却总是记不住;一个对自己很抠门的人,在外人面前却出手大方;一个人很喜欢清静,却不愿意单独待在某个环境中;一个人,对待自己很严酷和刻薄,在对待别人时,表现出来的却是包容和忍耐。"① 有这么一个笑话:某校长在电梯中碰到一人,立刻认出来,指出是很多年前的该校学生,其人颔首称是,称赞校长记忆非凡;校长得意,继问现状,其人回答:就是现在该校的教职员工。故事的指向与卡伦·霍妮的论述一致:人们对遥远的事物记忆深刻,对近在眼前的却熟视无知;人们对陌生人热情有加,对号称非常重视的身边人却冷漠无情。

第三,坠入虚无。人的生命过程既然找不到充足的理由来支持和引导,人的行动又往往导致自我否定,生命无法保持一个常态,自然而然地产生人生的虚无感和空幻感,意义就消失了。

明代冯梦龙编有一部叫《东周列国志》的历史小说,取材

---

① [美]卡伦·霍妮《我们内心的冲突》,长江文艺出版社,2016年,第17页。

于《左传》等古籍，主要讲春秋时代的历史。其开卷词《西江月》："道德三皇五帝，功名夏后商周。英雄五霸闹春秋，顷刻兴亡过手。青史几行名姓，北邙无数荒丘。前人田地后人收，说甚龙争虎斗。"这词就流露出强烈的历史虚无感，把以三皇五帝、春秋五霸之流的价值全都否定了，他们不过是历史的匆匆过客，接着前人而来，又让位给后人。《三国演义》的开卷词也是的："滚滚长江东逝水，浪花淘尽英雄。是非成败转头空。青山依旧在，几度夕阳红。"中国历史漫长，朝代更替频繁，城头不断变换大王旗。每一次改朝换代，就是社会大乱，"繁华有憔悴，堂上生荆棘"，繁华不长久，一切都要推倒重来，这很容易令人感怀世事的无常和人生的空幻，《金刚经》有言："一切有为法，如梦幻泡影，如露亦如电，应作如是观。"在中国的古典诗词中，此类情绪的表达特别常见，从历史的兴亡中特别能感受到人事的虚幻不实。

二、日常生活中的荒诞性

荒诞表现于人的日常生活中，通常有自欺、将就和取消等情形。

拿自欺来说，所谓自欺，是明知意义不大但假装行动很有意义。我们开个会，会刚开完，就迫不及待地宣称，该会将产生非凡的影响，有重大的现实意义和深远的历史意义等。其实，真正的影响力，必须经过长时间充分的酝酿、发酵才得以逐步体现出来，绝不会即开即显。但如果不渲染它的意义，不高抬它的价值，与会之人又怎么煞有其事地摆出严肃认真状？再如，我们的研究者申报科研课题，在申报书上必须把该项目的社会意义和学术意义予以浓墨重彩，好像有项伟大的研究成果即将诞生。实际上，无论是申报者，还是评审者，都知道课题尚在构想和论证阶段，其最终意义究竟如何，仍然是个未知数，很有可能该研究不过是人云亦云、追时跟风的平庸之作。但是，如果不郑重其事地大书特书其假拟的意义，申报游戏就进行不下去。一方面用华丽的辞藻尽量渲染行动之意义重大，另一方面又心知肚明，私下里并不当回事儿，荒诞就在表里的不一中表现得淋漓尽致。鲁迅笔下的阿Q，是习惯性自欺的典型。阿Q被闲人们揪住辫子往墙壁上叩了几个响头，明明大受其辱，心里却说："我总算被儿子打了，现在的世界真不像样。"于是心满意足地得胜走了。通过自欺，便有了无往而不利的立足点，在精神上不可战胜。阿Q式的自欺之所以在精神上永不可战胜，不是说他自此有了强大的精神底气，因之坚强不可屈，而是在精神世界中营造有利于自己的幻想，沉浸于此，闭上眼睛，拒绝向外作真实的探视，所以，无论在现实环境中有何遭遇，都可循此路径来消解。

还有就是将就。所谓将就，就是随波逐流，随着环境的指挥而翩翩起舞，且自以为通达，识时务，节点踩得准，舞姿优美。《庄子·德充符》中有段议论："死生、存亡、穷达、贫富、贤与不肖、毁誉、饥渴、寒暑，是事之变、命之行也。日夜相代乎前，而知不能规乎其始者也。故不足以滑和，不可入于灵府。使之和豫，通而不失于兑。使日夜无隙，而与物为春，是接而生时于心者也。"大意是死生存亡等生命的种种变化，都是在所难免的，人的认识能力不足以找到变化的确切起因，不要因为这些而激动原本和悦的内心，最好保持与环境的同步，节奏一致。庄子尽管说得高远而玄妙，也确实是智慧之言，不失为一种处世妙法，但从常人的眼光来看，不过就是鼓吹无条件地迁就现实环境而已。就像时下流行的一句话：你若安好，便是晴天。就是把人和环境的关系单方面转移到人自身，把现实问题简化、还原为心态问题，最后心态的调整到位与否，乃成为解决问题的不二法门。其实，无非是把将就当成洒脱，把沉沦当成旷达。

再说取消。所谓取消，就是不承认是个问题，以此解决问题。人确实会碰到很多烦心的事，不好过，不好解决，又不能听之任之，有人就说了"世上本无事，庸人自扰之"，这是典型地用取消问题来解决问题。若能往这个方向去想，所谓"想得开"，那么烦心、焦虑、紧张等种种情绪自然消失。冯友兰先生认为，先秦道家有个固定的关怀主题，就是人如何"全生避害"，保全自己，避免危害。当然，具体的、物理的方法有很多种，不过庄子却采取了另外的思路，就是取消问题，不把这个问题当成是问题——"它既不能使人长生不死，也不能使人致富不穷。可是它能够给人一种观点，从这种观点可以看出生死相同，得失相等。"① 这当然是很有智慧的了，站在精神的绝对制高点上俯视熙熙攘攘的人生，仅仅只需要转换个角度，就可

---

① 冯友兰《中国哲学简史》，北京大学出版社，1996年，第101页。

以从生死、得失的对立中超脱出来。但这毕竟不是真正去撼动现实。

三、不"虚"此生

所以,如果真的不愿意以自欺了事,以取消问题来回避问题,以将就来制造麻木,而想真正克服和超越,就必须有更加积极的行动。

首先是设置属于自己的目的,明确自己的真正所欲、所想和所求。有了属于自己的目的,"意义"便随之出现。意义,不是说最终一定要做成什么,一定要实现目的,而是通过追求,让自己对自己有更深一层的理解,从而扬弃不可理喻的荒诞。因为在追求的过程中,生命就变得可认知了。人生之所以不可理喻,很多情况下是生命被分割成碎片,碎片与碎片之间缺乏有机的、必要的联系,彼此隔绝不通,或者偶然凑集。就好像踢球,如果缺乏一以贯之的布置和策略,传球都是基于观察对手后的临时调整,打法于是乎看不明白,我们说踢得没有章法,踢得很乱,像一个个散兵游勇在单打独斗;反过来,如果意图明确,每一次传球放在整体意图中来观察,那么有迹可循,串联起来,就成了清晰的、合乎逻辑的、可以理解的踢法。正因如此,"惟把一件事情做好的努力才使得目的与过程内在地联系在一起,才使得目的赋予整个过程以及每一步以意义"。①

---

① 陈嘉映《何为良好生活》,上海文艺出版社,2015 年,第 234 页。

即使遭遇偶然、意外以及命运的捉弄，如果积极追寻人生的意义，这些因素也是可理解的。它们可以是磨炼意志、锻造独立而坚定人格的契机，也可以是实现个人目的的机缘，唐代诗人杜牧咏史提到周瑜："东风不与周郎便，铜雀春深锁二乔。"他说是东风这个偶然出现的因素才成就了周瑜的赤壁大胜，言下之意，似乎周瑜的成就不那么令人钦佩，不过是运气好而已；但换个角度看，周瑜是在胜利的希望微薄的情况下敏锐利用一场稍纵即逝的东风，趁机纵火击败曹军，意外和偶然构成了周瑜这类人物实现个人抱负的因素。再退一步，即使抓不住偶然的际遇，或者说困于偶然性的牢笼中，一遍遍劳而无功、苦而无成、周而复始，只要不放弃上下求索，其情也是可理解的，因为有所求本身就是意义，而不取决于是否求有所成。

同样，通过目的的建构，生命历程中的自我否定不是对荒诞的证实，而是自我实现的必然方式，是自我实现的必经环节。生命本身就是以自我否定的方式来成长、成熟以至于本性的完全实现。没有自我否定，生命就是一成不变，波澜不惊，停留于原初。就历史而言，历史是在不断前进的，但有时候历史是通过自我否定，即后退的方式来迈开前进的脚步。例如，马克思分析1851年法国路易·波拿巴的政变以及总结法国1848年革命经验，说"结果，不是社会本身获得了新的内容，而只是国家回到了最古的形态，回到了宝剑和袈裟的极端原始的统治"，但是，"看起来仿佛社会现在退到它的出发点后面去了，实际上社会首先要为自己创造革命所必需的出发点，创造唯一能使现代革命成为真正的革命的形势、关系和条件"①。历史的发展进程，就是个自我否定的过程，退后是在为继续前进准备好充足的前提。就个人而言，亦是此理。自我否定，是自己把自己给否定，但同时进行这个否定主体是自己而不是别的、外在的东西，所以自我否定的结果是保存自己，完善自己，也就是发展了自己，实现了自己。这种自我否定所带来的自相矛盾，才使得人的心情和灵魂具有深度，在性格上臻于成熟之境。德国哲学家黑格尔说："如果主体片面地以一种形式而存在，它就会马上陷入这个矛盾：按照它的概念，它是整体，而按照它的存在情况，它却只是一方面。只有借取消这种自身以内的否定，生命才能变成对它本身是肯定的。经历这种对立、矛盾和矛盾解决的过程是生物的一大特权；凡是始终只是肯定的东西，就会始终没有生命。生命是向否定以及否定的痛苦前进的，只有通过消除对立和矛盾，生命才变成对它本身是肯定的。"② 黑格尔还说："因为人格的伟大和刚强只有借矛盾对立的伟大和刚强才能衡量出来，心灵从这矛盾对立中挣扎出来，才使自己回到统一。"③ 所以，人格的价值的绝对性就在自我否定中建构起来。

朝目标奋进、不断努力的过程，自然使如此人生具有了不容抹杀的内在价值，从而不再虚无，即超越和扬弃了虚无。人生价值有两种：一种是外在的——由舆论来评价；一种是内在的——由其自身来确认。所谓价值，简言之，即"好"。外在的

---

① ［德］马克思《路易·波拿巴的雾月十八日》，人民出版社，2015年，第12页。
② ［德］黑格尔《美学》（第一卷），朱光潜译，北京大学出版社，2017年，第152页。
③ ［德］黑格尔《美学》（第一卷），第287页。

价值，是合乎社会的需要，所以为"好"；内在的价值，是合乎自我设定的目的，所以为"好"。一个教师，学生成绩高，我们说他把书教得好，是个好老师，他作为老师的"好"，其价值来自于外；如果他认为教师是他的天职，努力把知识传给每个学生，对学生负责乃是他的目的，那他的教师生涯本身就是"好"的，其价值不必以他人的评价为转移，也不因时间的流逝而埋没。

四、积极的人生态度

有了属于自己的追求，人生态度就得以改观，不同于浑噩与迷茫、困顿中，自然认真、乐观、务实、进取起来。

认真相对于敷衍、将就和随便而言。敷衍和将就可能在某些生活中的细枝末节方面无关紧要，但作为根本的人生态度，则是不可的。

何谓认真？

现代新儒家梁漱溟说："因为我对于生活如此认真，所以我的生活与思想见解是成一整个的，思想见解到哪里就做到哪里。如我当初见得佛家生活是对的，我即刻不食肉不娶妻要作他那样生活，八九年如一日。而今所见不同，生活亦改。因此别的很随意度他生活的人可以没有思想见解；而我若是没有确实心安的主见，就不能生活的！"① 梁先生很真诚，他对于生活的态

---

① 梁漱溟《东西文化及其哲学》，商务印书馆，2003年，第23页。

度是表里一致，言行合一，这当然是认真的了。我们所说的认真，除了以上之外，还有就是认其为真。因为人生本是荒诞，无所谓真与不真；如果由自己来定义人生的意义并笃行之，这就是认定其意义确切无疑。

《礼记》记载过孔子学生曾子临终前易箦的故事，便是一位以仁为己任的君子把认真坚持到终、绝不姑息自己的典范。曾子弥留之际，已经奄奄一息，身下垫的席子乃属于大夫级别的配备。身边的童子指出来，曾子听见，强支病体，坚持要儿子曾元把席子换过来，说："君子之爱人也以德，细人之爱人也以姑息。吾何求哉？吾得正而毙焉斯已矣。"曾元扶抬起曾子，更换完毕，再把他送回席子上，曾子还没躺好，就溘然而逝。

有个叫郭婉莹的传奇女性，旧上海名门出身，自小接受最优质的教育，过着优渥、优雅的生活。中华人民共和国成立之后，政治上的疾风骤雨来临，郭婉莹一家受到剧烈的冲击，她的人生自此巨变，丈夫在监禁中逝世，家产被没收，她从花园洋房搬到不到十平方米的蜗居。五十多岁的年纪还用曾经弹钢琴的娇手在河塘挖污泥，即使已到这般地步，她仍然拒绝苟且、将就。用黑格尔的话说："束缚在命运枷锁上的人可以丧失他的生命，但是不能丧失他的自由。就是这种守住自我的镇定才可以使人在苦痛本身里也可以保持住而且显示出静穆的和悦。"① 郭婉莹非常平静地接受命运的安排，她没有歇斯底里，没有自怨自艾，她要求她自己做的，就是绝不放弃体面和尊严。

---

① ［德］黑格尔《美学》（第一卷），商务印书馆，1997年，第203页。

所以,她穿着旗袍刷马桶——高贵和卑微就这样荒诞地定格于此;所以荒诞的背后也有真实,就是对人之尊严的相信和坚守。所谓认真,不仅仅是做事情一丝不苟,而且是一种对人生的根本信念——认为有必须为之坚守而不能放弃的真正有价值的东西,这才是超越、克服虚无的真实。

再说乐观。

所谓乐观,倒不一定看好前景,有希望感,而是以"乐"的态度来观照人生。这方面孔子做出了表率。有人说孔子实际上开创的是一种"乐感文化",如《论语》第一章开宗明义就说:"学而时习之,不亦乐乎;有朋自远方来,不亦说乎;人不知而不愠,不亦君子乎!"学习了且经常实习,以实践契合和印证知识,内心确有所得,是知行合一的快乐;有朋友从远方来拜访,沟通情感,开拓眼界,丰富见闻,是社交的快乐;以上两种属于积极的快乐,涵盖了生活的主要方面;除此之外,又有消极的快乐,"人不知而不愠",即使不被人了解和认同,也不悲愤,不生闷气,萧然自知,这是贤人君子高尚的修养。总之,这三句话以点带面,基本上涵盖了人生的各个层面,揭示出"乐"是可有,也是应有的。

孔子非常欣赏人在处世时所表现出的"乐",他自道"饭疏食,饮水,曲肱而枕之,乐亦在其中矣",他评价学生颜回"贤哉!回也,一箪食一瓢饮,在陋巷,人不堪其忧,回也不改其乐"。这样的"乐",纯粹是一种精神的修养,与物质的丰歉、与环境的顺逆全都无关,而在于任何时候都保持平静、和悦、洒脱的心境、情致。即以孔子本人论,他抱着社会政治理想,在列国间游走,终未有实现的契机,可悲的是,还遭遇种种不堪的厄运,但孔子"知其不可为而为之",很少有沮丧、挫败之感,也没有怨天尤人。他很乐观,不过他的乐观不是廉价的,不是对未来那种一厢情愿的期待,不是基于幻想终将有成,而是在忧患中能不离闲适、恬淡。

陶渊明也有类似的感受。《归去来兮辞》说:"悦亲戚之情话,乐琴书以消忧。农人告余以春及,将有事于西畴。或命巾车,或棹孤舟。""悦亲戚之情话",说的是人情往来的快乐;"乐琴书以消忧",说的是孤居独处的快乐;"有事于西畴",是劳动的快乐;"或命巾车,或棹孤舟",是出行的快乐。这四类基本上涵盖了陶渊明回归田园后的生活,他以快乐的心态来度过余生,也确实从中体会到真乐。

苏东坡说:"凡物皆有可观。苟有可观,皆有可乐。"这也是达人的乐观。快乐是一种精神的高尚修养,而不系于际遇和环境。抱着这样的认识,就没有令人沮丧、无聊之处了。我们看苏东坡,即使是在谪居僻远的岭南,也很豁达,"日啖荔枝三百颗,不辞常作岭南人"。

还有一个是务实的人生态度。

现在人大多崇尚务实,反对不切实际;要求接地气,反对不着边际。这未免有点把"实"和"虚"对立起来,既没有真正认识"虚"的作用,又狭隘地理解了"实",其实两者并不矛盾。一个真正的务实主义者,一定有他凌空蹈虚的一面;一个善于仰望星空的人,也一定有脚踏实地的一面。相传古希腊哲人泰勒斯,对天文很感兴趣,总爱仰观天象,曾为此掉进坑里,惹得旁人的嘲笑。泰勒斯经过观察，预知来年橄榄将要丰收，预作准备，最后果然大赚一笔。

所谓"务实"，我们也可以说，就是"务虚于实"。当坚定地朝向自我设定的目标前行时，实际上就是把"虚"转化为"实"，把"无"转化为"有"，把"非存在"转化为"存在"，把"不可能"转化为"可能"。正如鲁迅所说的：世上本没有路，走的人多了便成了路。庄子亦有类似的说法："道行之而成。"

最后不得不说进取，积极进取的人生态度也势必被塑造、激发出来。

进取，也就是上进。一般所说的上进，比较具体，是向更高的社会地位、更优厚的生活待遇迈进。这是对上进的物质化的理解，确有道理。但真正的上进，是精神上的，是一种精神的挣扎——自拔于虚无、自升于更有价值的境地。所以，我们可以把"进取"描绘为从山脚向山顶的登攀。这是一个不断自我否定的过程，是一个不断自我超越的过程，是一个不断看到和享受更大范围风景的过程，当然，也是一个必须不断努力的过程。

真正积极的人生态度不是灌输、激励、动员得起来的。如果是，那也只能起到心灵抚慰的短暂效果，如吃兴奋剂一样。唯有在人坚韧的求索中，认真、乐观、务实、进取等积极的态度，不召自来，不激自具。

第三讲 理想漫谈

前两年流行一句话：理想还是要有的，万一实现了呢！潜台词是理想和买彩票一样，万一要是中了头奖，岂不是赚大了？所以，彩票不妨买，理想不妨有。进一步来说，在很多人心目中，理想是个投资很少而收益特大的事，为自己树立个理想，不费事，而理想实现所带来的收益则是惊人的。荒谬的是，理想之所以为理想，其特征就在于非功利性，理想是以它的非功利性来吸引人的；但现在，我们是从算经济账的角度来谈理想——最起码理想是不亏的，甚至极有可能是大赚的。

理想之所以为理想，理想之所以有魅力，就在于它的超功利性的一面，但我们今天提理想，鼓励人树立理想，却以功利相号召，这是很奇怪的。

倡导理想，何以变成这个局面？这就有探究的必要。

一、理想＝理＋想

我们打小就被教导要树立远大的理想。何谓远大的理想呢？保家卫国，发明创造，为民族进步而做出贡献，毫无疑问是远大理想，那么像庄子那样，谢绝楚王高官厚禄的邀请，宁愿做个摇尾于泥中的乌龟,是不是远大的理想?风雨如晦,鸡鸣不已,是远大的理想,那么采菊东篱下,悠然见南山,是不是远大的理想?人生自古谁无死,留取丹心照汗青,是远大的理想,那么躲进小楼成一统,管他冬夏与春秋,是不是远大的理想?

我们暂时不说理想的具体指向,仅从形式上分析,可以把理想视作"理"与"想"的结合。理,就是合理。想,就是想法。理想,简言之,就是合理的想法。

人是很奇妙的动物,脑子里总会冒出不三不四、稀奇古怪的想法。有些合理,有些一定不合理。有年轻人仰慕爱迪生,向他讨教,说想发明个能溶解一切东西的溶剂,爱迪生大吃一惊,叫道:天哪,那你用什么器皿盛放这个万能溶剂呢?显然,年轻人的念头不合逻辑。就人类社会之理而言,不同于物理,人类社会是不断演进和变化的,社会之理是把人性中自由、平等和尊严等在更大范围、更高程度上进行普及和推广,变成社会继续前进的前提。所以,如现在有人立志,要以马其顿的亚历山大为榜样,把征服世界当成是为之奋斗的理想,这就有悖社会的常理了。所以,理想之所以有意义,就一定不可能是不合理的。

理想一定不可能是不合理的,即理想不是臆想,也不是妄想和幻想。

臆想、妄想和狂想,都是基于片面的主观揣测,不合逻辑,反理性,缺乏实现的可能性。我们之所以把臆想、妄想和狂想从理想中划分出来,不是说臆想者、狂想者不敢想,而是说他们太敢想,想到无视道理的存在。上千年来,总有人冒出头想发明永动机，但违背基本的能量守恒定理，注定了投身于这项发明只是个人的臆想、幻想，而不可能称作理想。

也有人说了，像古往今来许多圣贤，为人类提出了理想国、乌托邦、大同社会等社会理想，且"明知不可为而为之"，也要以毕生精力去呼吁和推动。既然我们知道人类在现实中不可能建立地上的天国，那么这些圣贤是否也可以说是在臆想、妄想？我们说不能，不能否定他们的理想以及对理想的追求。即使社会理想不可能实现，也自有其意义。其一，社会理想之所以为理想，首先是因为它满足了人性的某些期待，像儒家致力于建立的"仁"的社会，就是个明显的例子；其二，社会理想即使不能实现，也能够以理想的形式作为一个检验和评价现实社会的标准，使人们能立足于理想的高度来评判现实的不合理性——就像自然界中不存在百分之百的纯金，但不妨碍我们使用这个概念来检验现实中金子的纯度，否则对于现实，人们就只能无条件地接受和认同而不能有所评议了。从儒家的立场来看，礼崩乐坏就可谓不"仁"，必须大加挞伐；其三，即使社会理想不可能完全实现，也不等于不该去实现，它的存在意味着有待实现，所以，人们不但能从理想的高度来批判现实，还可以努力促成现实的不断改善，以求无限接近于理想的境界。总之，理想是可实现的，但不必一定实现，最主要的，是能供人观照和批判现实并推动人去实现。

所以，作为理想的"理"的一面，是说理想必须是基于理智的，合乎逻辑的，拥有理据的。其反面则是强调：荒谬的东西不可能成为人的理想。至于作为理想的"想"的一面，则是说理想源于人内心的一种念想。

合理的想法同样无穷无尽,但是,有的想法是人自发形成的,有的想法则是从外部强行输入的。"我"天生对形而上的抽象问题感兴趣,愿以从事哲学研究为理想,但是供养读书的父母根据他们的人生经验,认为哲学这条路走不通,所以强令改成更易就业的金融、管理等专业,这两个意志发生不可调和的碰撞,多半是由暂不能自食其力的"我"来妥协。即使后来"我"成了金领,衣冠楚楚,收入丰厚,在很多人还在挣扎的时候已经实现财务自由,但是对哲学的关注从未像格式化电脑一样干净彻底地被清除,仍有探索形而上的世界的兴趣。没别的原因,因为这是自己内生的想法,这是"我"的理想。把自己的日子过好点,过精致点,过自由点,是很多人的想法,如果在一个特殊的时代中,将此作为腐化、堕落的思想来批判,而输入更宏大、高远的解放全人类的理想,即使胳膊拗不过大腿,人们暂时接受了,时刻挂在口头上,一旦形势有变,外在的压力消失,人们还是会回到自个儿当初的那点想法上。没别的原因,因为这是人们发自内心的愿望。所以,理想之所以有意义,就一定不可能是强制的。

理想,既然只是人植根于内心的自发的想法,那么它就还未实现,或以观念的形式存在于理性中,或以图像的样态存在于感觉中,总之,它与现实还有一段距离,是尚未实现者。但有一点可以肯定:这想法要比现实来得"好"、"美"——至少在个人看来。所以,"理想"还隐藏着一个价值评判的尺度。因为,只有"想得美",才值得去想,想了后才觉得更要去想;否则，就是做噩梦了。这就可以看出，理想高于现实。所谓"高"，是价值意义上的高，理想比现实更好，更有价值。理想在价值上高于现实，这就是理想的超越性。

一般人所理解的价值，是"量"上的超过。百分制的考试，考九十分就比八十分要好；月薪两千元的肯定赶不上月薪两万元的；住五十平方米房子的在五千平方米豪宅的面前未免气短；开百万豪车的人对骑电瓶车的多少有些优越感。但"量"累积到一定程度后，其边际效用锐减。对饥肠辘辘的人来说，头几个肉包子滋味是最好的，越吃到后面越腻味；对穷惯的人来说，突发一笔横财，兴奋之状，无以言喻，等到赚钱渐多渐易，再也很难变得更加兴奋了，甚至还有些倦怠。德国哲学家黑格尔说："我们发现哈勒尔在一首著名的描写上帝的无限性的诗里，说道：'我们积累起庞大的数字，一山又一山，一万又一万，世界之上，我堆起世界，时间之上，我加上时间。当我从可怕的高峰，仰望着你，以眩晕的眼：所有数的乘方，再乘以万千遍，距你的一部分还是很远。'这里我们首先便遇着量，特别是数，不断地超越起自身，这种超越，康德形容为'令人恐怖的'。其实真正令人恐怖之处只在于永远不断地规定其界限，又永远不断地超出界限，而并未进展一步的厌倦性。"① 所以，就理想的超越性而言，仅仅着眼于"量"，如赚更多的钱、买更大面积的房子等，只能称为人生的奋斗目标，而不是理想。

因之，把小目标和真理想区别开来的，是理想之于现实在

---

① ［德］黑格尔《小逻辑》，商务印书馆，1980年，第241页。

"质"的方面的超越,而不是"量"的方面的超过。真实是对虚伪的超越,清白是对污浊的超越,自由是对奴役的超越,利群是对利己的超越,宽容是对报复的超越,高贵是对卑贱的超越,公正是对自私的超越,等等,无论实际情况中有多少虚伪、污浊、奴役、利己、报复、卑贱和自私,但都掩不住人们对真实、清白、自由、利群、宽容、高贵和公正的向往与追求。

二、"散文时代"的气息

我们当今的时代理想色彩已经消褪,不再需要燃烧激情、灌注热情,而变得相当世故、圆熟、精明、老到、实际和功利。用德国哲学家黑格尔在《美学讲演录》中的定性,我们这个时代近似于"散文时代"——有别于讲究个人独立自足、自由自决的英雄时代。

"散文时代",有以下三个特点。

第一,无个性。尽管我们总在提倡和标榜特色,可现实是特色在逐渐消失。特色,就是个性。散文时代,千篇一律,没有个性,或者说个性被抹平了。如我们的城市、地域不再有区别度极强的特色风貌。县城向大城市看齐,大城市向国际大都市看齐,都是直插云霄的楼、宽阔笔直的路、四通八达的地铁轻轨、鳞次栉比的商业街以及广场公园、艺术馆、体育场,等等。以往我们去异地,会有惊奇感,因为触目皆新;今天这种感觉逐渐淡漠了。中国古代的正史一般都有《地理志》之类的体裁,这个地理讲的是人文地理,多会涉及各地的人情风俗、文化性格。如《汉书·地理志》说魏地"故俗刚强，多豪桀侵夺，薄恩礼，好生分"，说陇西天水"民俗质木，不耻寇盗"。可见在社会分工不发达的传统农业社会中，不同地域的人情风貌差异还是比较大的。在不那么严格的意义上，我们也习惯说北方人粗犷，南方人细腻，北京人好调侃，上海人精明等诸如此类的话。但随着区域流动和联系的频繁，各地的文化性格也在渐同。大概除掉方言外，我们现在已经很难从行事作风、用词谈吐、价值好尚上把人的地域属性辨识出来。

文化失去了个性。尤其是流行文化，变成了一种附加值极高的产业，按照工业流水线的方式批量生产文化产品，把国与国、族与族的界限轻而易举地跨越了。好莱坞的电影语言风靡全球。韩国在这个方面做得也很是出色，其文化产业高度繁荣，前两年鸟叔的骑马舞，无论是黄种人还是白种人，无论是欧洲人还是非洲人，全世界跟着他跳。审美亦有如此趋势。在媒体的强大裹挟下，审美居然也有了可物化的统一标准。近些年，在女性群体中流行过A4腰、蛇精脸，男性则朝着小鲜肉、娘炮的方向变化。城市里全是无生气、无个性的精致，再配合整容技术，这样的精致还可大规模地"复制"。人自身的表现也一个样，尽量抹平自己的特性而向社会主流评价标准看齐。上海某大学的博士生为了纠正社会大众对博士生群体的刻板印象，特意组织起来大跳街舞，他们以为凭借这样的行动，就能向社会大众宣示：博士生并非躲进书斋和实验室里不沾染人间烟火的"另类"，其实他们也很潮，很时尚。

简言之，人的个性丧失，就变成高度趋同、各方面情况大致都一样的"常人"。德国现代哲学家海德格尔对"常人"的本质有过揭示:"这个谁不是这个人,不是那个人,不是人本身,不是一些人,不是一切人的总数。这个'谁'是个中性的东西:常人。"①"常人"一旦成为社会的常态,人们就不敢把笼罩在自己身上的庸俗的格调打破,不得不与他人一个样。因为"不一样"就意味着"不对",所以就有跟风、随大流、保持同步、踩准节奏等相应的观念。这种观念一经成形,变成主流,人们便把"看齐"和"一致"视作理所当然,而把别具一格、殊异的表现认定为不正确。也就是说,"求同"才是对的,"存异"则不对。

第二,都想赢。"常人"也不是浑浑噩噩,没有目标和追求,只不过他们的目标和追求从本质上来讲也都是一个样,即成为"人生赢家"。不管是想做科学家、艺术家、政治家还是企业家,也不论是务工、经商、治学还是从艺,不同职业的人几乎有着同样目的:当成功人士,做人生赢家。而赢家的标志,就是可量化的财富。所以,财富排行榜就是人之价值的不言自明的尺度。

我们这个时代最励志的故事是人生的"逆袭",最激动人心的楷模是平平无奇、毫无背景的小人物的"上位"——通过奋斗改变了个人的命运。2018年夏天,有个寒门女高中生以总分707分考上北大,她写了一篇《感谢贫穷》的文章,点燃了社会舆论的爆点,许多人为之唏嘘不已。"成功"既然是占主流位置

---

① 转引自俞吾金《新十批判书》,商务印书馆,2018年,第41页。

的价值观，相应地，"成功学"则成为"散文时代"的"显学"。在城市人流量最大的高铁站、机场、商业广场的书店中，重点推介的书籍绝大部分是告诉人们如何"成功"，像《我的成功可以复制》等比比皆是。宣讲成功学的人，像教主一样被虔诚的信徒们环绕和膜拜，仿佛从成功学大师的只言片语中就找到了打开成功之门的密钥。

第三，重娱乐。市场经济逐步走向深入，物质财富不断创造和积累，以及功利价值的确认、消费能力的增强，娱乐精神也顺势而出。娱乐精神，一言以蔽之，就是人们普遍把娱乐作为最重要的生活追求。显而易见，如今各类传播平台上，比较严肃的节目越来越小众化了，而专事引领、制造欢乐的综艺类节目独占媒体之鳌头，不断变化花样，创新玩法，最大限度地刺激受众的娱乐神经。乃至政治人物为吸引支持者，也选择在合适的场合有意仿效娱乐明星，改变他们刻板沉重、高高在上的职业形象，以显示出亲民的作风，迎合大众的娱乐需要。在过去的时代中，政治人物往往有意神化自己，让自己与神性接近，且保持一定程度的神秘感，以此凸显他神奇的个人魅力，作为建构权威、赢得拥戴的屡试不爽的法术。而在今天，政治人物必须改弦易辙，尽量消解自己超凡脱俗的一面，不断降低身段，拉近与大众的距离，最好打成一片，用大众接受的语言和方式来表达自己。当他们像娱乐明星一样，越是能令大众兴奋，获得选票的机率就越大。我们再看大学校园，受欢迎的教师往往是幽默、诙谐，语言生动、活泼，最好是用喜闻乐见的流俗词汇，令学生听起来倍觉轻松、有趣。这就叫"接地气"，否则就是不合时宜。即使是以思想教育为己任的大学课程，为吸引学生，也有教师不惮创新，积极引入快板、说书以及 cosplay 等诸多形式，以增强课堂的趣味性和娱乐性，把学生的心思留住。总之，娱乐不是生活的添加剂，不是生活的直接后果，它成了生活的前提。无娱乐，则无生活。

在"散文时代"中，普遍无个性，所以只有追随和模仿；都想赢，所以把丰富多样的生命数值化；重娱乐，所以很自然地规避崇高、严肃、庄重的物事。三者齐凑，造成社会与人的脱节。

三、社会很大，个人很小

现代社会变得越来越庞大、复杂，对比之下，个人显得微不足道。

第一，限制太严。社会有名目繁多的规章制度，法律条文、风俗习惯，无一不在限制人的自由位移。我们都以为政治人物的自由度相对来说应是最大的，个性的保存也是最完整的，因为他们掌握权力，拥有资源。事实却非如此，他们所能感受到的限制更大。隋文帝说过，"朕贵为天子，不得自由"，他面对妒忌的皇后无能为力，只能靠纵马狂奔来发泄怒气。黄仁宇先生的史学名著《万历十五年》，提到万历皇帝身为皇帝，居然也怠工，因为他感到他的文官们自成一系，不受他掌控，站在他的对立面，令他无法畅行意志，连换个皇后、重立太子的想法也实现不了。到了现代社会，表现得更明显。美国是当今世界上最强大的国家，美国总统号称是地球上最有权力的人，实际上，总统的权力被精心设计的政治制度以及各种相对独立的社会力量所制约，再加上严格的任期规定，所以做不成多么了不起的事。各种制度严厉的制约，使个人的责任意识减退，负责范围缩减。我们还是引用黑格尔的话："许多个人所成就的，比起他们各有贡献的那个全部事业和整个目的，只不过是沧海一粟。有些站在最高地位的人物，在情感和意识上觉到全部事业就是他们自己的事业，但就连他们也显得是纠缠在多方面的个别情况、条件、阻碍和相对关系的复杂网里。从这一切方面看，个人在这个领域里都不能使人见出独立完整的生命和自由。"①

第二，知识无涯。庄子说："吾生也有涯，而知也无涯。"他在两千多年前都已感受到知识的无限性。有人说 21 世纪是知识的世纪，人皆为知识人，连经济模式也发展到知识经济的程度。我们普通人但凡智力正常的，没有谁不感受到知识的爆炸，以及个人所知的有限。中国传统社会崇尚"通人"，什么都通，什么都了解，譬如儒者，以一物不知为耻。然而在今天，这是做不到的，已经不可能再出现百科全书式的"通人"，而只有各式各样的专家。专家只对自己所从事和研究的专业有了解，甚至仅仅是精通本专业内的具体某个方向，而离开了他所熟知的专业方向，他的知识与大众区别不大。

第三，人工的智能化和个人的低能化。人工智能替代人做

---

① ［德］黑格尔《美学》（第一卷），朱光潜译，北京大学出版社，2017 年，第 236—237 页。

很多事,譬如记忆。我们今天已经不再以照相机式的记忆力为值得夸耀的事情。从前的人文类学者,以记诵为做学问的必备基础,他们从小接受这方面的严格训练,像十三经之类的经书、前四史之类的史书,都须烂熟于心,提到一段立刻可以接着大段大段地背下去。钱锺书先生的记忆力早已成了神话,号称是照相机式的。我们今天的时代再难以诞生此类学者,再也不以渊博的记忆为能事——计算机强大的存储与搜索功能足以取代枯燥机械的记诵。还有生活能力,过去许多人有好手艺,一个人打全套家具不是稀罕事;今天大多数人可能连做个家务、换个插座、掏个下水道之类的家务活都需要请人。

恩格斯说过,文艺复兴是"需要巨人也产生巨人的时代"。现代社会不再需要巨人,所以也产生不了巨人。现代社会更常见的是"蚁人"。有社会学者提出过"蚁族"的概念,是就当前中国大城市里初入职场的低收入年轻群体而言。如果现代都市人的生存状态用蚂蚁来比拟,倒也普遍、贴切,不仅仅是指漂浮于大城市的特定人群。首先是忙碌,现代人面临的竞争压力大,工作节奏快,每天像上紧的发条一样不停转动,像蚂蚁一样扎堆,忙碌是常态。再就是充实。日常生活被安排得满满的,几无透气,生命中的每个片段都会被无孔不入的资讯包围、淹没,根本抽不出闲暇来深入、细致和从容地思考。从前人内心的空荡荡体现在无聊,今天人的虚空体现在充实。

身居庞大的社会之中,对个人而言,比较理智的做法不再是树立宏大的理想,而是定准现实的目标。理想一定着眼于社会的,是关怀社会,是要为社会做点什么。北宋的范仲淹说:

"先天下之忧而忧,后天下之乐而乐。"这是理想。范仲淹的时代,时值五代残唐之后,赵匡胤建立新朝,制定了"与士大夫共天下"的国策,扶植知识人的崛起,要把政治的力量和文化的力量结合起来,开创一个全新的时代。所以,当时读书人一个个心气儿都大,像王安石,觉得连唐太宗都不足取法。范仲淹有这样的豪情壮志,有这样的理想,并不稀奇。上世纪80年代也是个理想主义高扬的时代,是激情燃烧的岁月①。整个社会呈现出一派欣欣向荣、蒸蒸日上、奋发有为的景象,社会上上下下都有种只争朝夕的意识,要把失去的时间补回来,去做该做的事,推动中国社会的不断变革和持续进步。别的不说,就以教育界为例,大学恢复高考招生后,青年们又有机会重回校园。当时的大学生,年龄参差不齐,经历各不相同,但有一点带有共性,就是把学习和思考当成大学生涯的主题,忘我学习的人比比皆是。

北宋理学家张载说过,中国古代知识人最豪迈壮阔的人生理想是"为天地立心,为生民立命,为往圣继绝学,为万世开太平"。这话曾经激励过古代读书人以天下为己任,即使身无半亩,也要心忧天下。但是今天,个人和社会已然脱节,而且今天的世界也不是张载那个时代的世界,芸芸众生如说要为天地、生民、往圣和万世作出贡献,人们或许嗤之以鼻,笑他好高骛远,不自量力,脱离实际。我们最多只能是说在顺应时代潮流、趋势的基础上,抓住机会,拼搏努力,把个人的生活改善一点,

---

① 参见许纪霖《小时代中的理想主义》,广东人民出版社,2017年,第212页。

把家庭照顾好一点，行有余力，再能把社会阶层往上提升一点，已是幸运之极了。所以，个人没了宏大、高远的理想，就只剩下一个个具体而琐细、量化的小目标。

四、用理想转化气质

如果没有理想，人就只能屈从于现实，向现实妥协。因为失去了理想笼罩的现实，就只剩下盲目的力量，是力量和力量的纠缠。在现实的强大力量面前，识时务者为俊杰，人只能选择低首下心。失去了理想笼罩的现实，正规则就发挥不了它应有的作用，潜规则就大行其道。

这些年来，"潜规则"一词广为传播。所谓潜规则，就是放不上台面、名不正言不顺，而在私下里却被广泛认同和接受，人们心知肚明、普遍反感却又不得不遵从的所谓规则。这样的规则，集合了不义，表现得肮脏。当前社会生活中的个别环节，如求学、就业、升职、办事等有时会按潜规则来运转，甚至还有向未成年人中蔓延、扩散的趋势。据新闻媒体报道：有小学生为竞选班干部，竟然要求父母帮他"跑官"，该小学生认为，班干部深受老师重视，还能出入老师办公室，并带领同学站队，很神气。还有小学生私拿家里钱请同学海吃，为的是拉票选班长。这些小学生之所以颇"懂行"，无非是平时耳濡目染的结果，有样学样。默认潜规则，在我们很多人看来是"成熟"、"懂事"；善用潜规则，是我们很多人认为的"有本事"、"门槛精"；因操纵潜规则以获取实利、生财有道，是我们很多人公认的"成功人士"、"人生赢家"。

我们重提理想，是因为唯有理想才能把人从如此境地中超拔出来。当然，提倡理想，不是说要是理想实现了就赚大了，而是期望理想能够改变人的气质，给人灌注"生气"。前人有言："人的气质本由天生，惟读书可以变化气质。"我们要说的是，理想也可以使人转化气质。因为理想使人勃勃有生气。人有了生气，他的精神风貌也随之不同，他的人生价值就大不一样，他可能不会取得世俗意义上的所谓成功，但他的行事作风非常漂亮，值得玩味与欣赏！

理想将从四个方面来激活、灌注、陶铸人的生气。

第一个，奇。

真正的理想能使人非比寻常，有奇特之处，特立独行。唐代的文学家韩愈写过文章颂扬先秦的隐士伯夷，他说："士之特立独行，适于义而已，不顾人之是非，皆豪杰之士，信道笃而自知明者也。"特立独行的人，其行为是正当的，不怕被人说三道四，有豪杰排除万难的气魄，那是因为他们既有自知之明，同时还"信道笃"——真诚地相信他们的理想。所以，"若伯夷者，穷天地、亘万世而不顾者也"，像伯夷这样的人，对认定的事，即使穷尽天地、经历万世也不能让他掉头。魏晋时代的竹林七贤也是一批特立独行的人，他们反感随波逐流，庸庸碌碌，虚伪做作，而要求做个真我，随心所欲，率性而为。像阮籍，行所欲行，止所当止，不畏人言。这种生命状态非常快适、洒脱，所以引起很多贵族子弟效法，可是学不像，画虎不成反类犬。有人出来说公道话：西施因为病了皱起眉头，所以美丽；

东施效颦，更显丑陋。竹林七贤，好比西施，是"有疾而颦"，而学他们的人只是形似。为什么阮籍他们是真名士，而学他们的人不过假潇洒？最重要的一点是有无襟怀，有无理想。阮籍他们认为，人活着绝不能淹没个人的性情，不应该被烦琐的礼法裹挟，不应该沉溺于世俗的价值，因为抱着这样的态度，他们敢于睥睨世俗，打破常规，纵情任性，他们有理想所赋予的精神力量作为内在的支撑，所以才有特立独行的姿态，所以他们才成为奇士，所以他们才能把风流的身姿定格于历史中永远供后人追慕和遐想。

第二个，真。

理想主义者天真，有点痴呆，有股子傻劲。这个痴，当然不是说智力的低能，而是不屑于把他们的目光集中在蝇头小利上，把他们的精力浪费在与理想关系不紧切的事物中。所以，从世俗的眼光来看未免有点痴。日本号称寿司之王的小野二郎，生于1925年，到如今已经超过九十岁了，他这一辈子就干一件事：做寿司。把寿司做到极致不仅仅是职业理想，更是他的人生理想，是人生意义之全部。他穷其一生痴迷于此，在这个行当内深耕细作，精益求精，不惮重复，绝无少懈；为了不破坏做好寿司所必需的微妙、细腻的手感，在工作之外他都戴手套，好好保护双手。寿司，这个平平无奇的职业，无形中变成他须臾不可离、神圣不可渎的"信仰"。由于痴，沉于所痴之中，不计较结果，褪去了功利色彩，所以其人显得单纯、干净、明朗和天真。这是一种人格魅力。

第三个，热。

理想主义者有炽热的激情。即使是在最冰冷、绝望的时刻，他们不用旁人的激励和鼓舞，也会自带驱动力，会自己使自己燃烧起来，而且能用燃烧起来的、火一般的激情来感动周边。我们从历史中可以看到，开创事业的领袖们在草创之际，什么前景都还看不出来，实际利益的激励也因为条件不够拿不出，凭什么能吸引追随者始终不渝地拥戴、相信和效忠呢？只有理想！他们追逐理想的热情能感染追随者，热情是会传染、传递的——只要真诚、纯粹。甚至很多时候，理想作为一个宏大的愿景、一个具体的目标反而不会真的令人向往，理想者全情投入的状态却能令人由衷地感动和敬仰。就好像我们本来不饿，但看到美食家们津津有味地品尝美食，那种陶醉其中、怡然自得的样子，便不由自主地把我们潜在的食欲牵连起来，于是也变得胃口大开。

　　第四个，执。

　　理想主义者身上多有股执着的劲儿。对认准的理想，不轻言放弃。孔子有他的政治理想，重建礼乐文明，以不断自我完善的君子来领导社会，促成社会中人各安其位，以至整体的和谐。但当时几乎没有国君对孔子的学说真正感兴趣，孔子在列国游走，凄惶如丧家之犬，不免有灰心的时候——"道不行，乘桴浮于海"，但这只是志意不遂时偶尔泛起的挫败感，孔子一以贯之的态度是"知其不可为而为之"，知道理想不可实现却坚持如故。安天命，不是看清形势不可为因而明智地放弃作为，恰恰相反，是尽人事。所以，执着不是不认命，有意与形势对着来，不达目的不罢休；而是尊重怀抱的理想，不期必成而为之。

在我们当今这个时代，就连理想，也散发着浓厚的散文气息。好像不让理想接足底气，就不足以劝勉人似的。我们前文提到，现在谈理想，几乎可比买彩票，甚至还要值，因为根本不需要成本，只要做个梦即可，这么便宜的事，不做多划不来！所以，与其说在谈树立理想，倒不如说是刺激连"想"都已经不愿再想、连"想"的劲头都不足的人，来做个美丽的梦。真正的理想主义，绝非如此。

理想这种精神存在，令人跃居"可能"的世界中，而不拘囿于坚硬的现实。立足于"可能"，以此为精神的支点，回望当下，人便可跳出当下的制约。理想使人成为面向未来而存在的人。坚定理想，无非意味着人坚信有未来。所以，理想实际上包含着某种坚不可移的信念。

第四讲 信仰何谓

近些年来，中国经济高速发展，GDP不断增加，国家逐渐富裕，城市光鲜漂亮，老百姓的腰包鼓起来了，生活水平蒸蒸日上，回望三四十年前的中国社会，真是恍如隔世，换了人间。与此同时，也有值得正视、警惕和担忧的现象：物质世界日趋丰富，精神世界苍白无比。两者的发展不协调、不同步。腰缠千金，却茫然四顾；坐乘豪车，却不知所向。有学者将此形容为"钱包鼓鼓，六神无主"。

有人就此分析说这是信仰失落的缘由，我们过去穷怕了，所以过于看重经济发展，从而遗忘、搁置了曾经为之奋斗的理想和信仰。毕竟有段时间，我们因理想而激情燃烧，因信仰而追求崇高，精神振奋，壮怀激烈。所以，当务之急，是重新唤回国人内心中的崇高感，再建信仰，用信仰支撑起精神的大厦；是否可行，另当别论。至少，当人们关注的焦点渐渐转移到信仰上，那么就有必要来探究这种精神现象，追问何谓信仰。

一、信什么

所谓信仰，包括信仰的对象和态度。信仰的对象，就是信什么；信仰的态度，就是怎么信。

信仰的对象，不是一般的经验世界中的事物，而是超验的存在。也就是说，信仰不是世俗意义上的相信，而是对非现实性的力量的确认和相信。

世俗意义上的相信，对于人的生存当然很重要。缺乏这个层次的信，人类的社会生活几乎无法维持。例如，一个社会中人和人只要失去了互信，就立刻进入相互提防和相互残害的状态，谁都无法避免其后果。孔子说："民无信则不立。"只要政府失去了公信力，失去了民众对它的信任，它就没有可以立足的权威，垮台是早晚的事。这一层次的信，固然重要，但之所以说是世俗意义上的，是因为它们的存在基础、前提是相对的。

有的信，基于知识。我们不会杞人忧天，我们相信天不会塌下来，是物理学给了我们确切的科学知识，所以可以安枕无忧。

有的信，是基于过去的经验。我借钱给某人，不担心他不还。因为在以往的经验中，这个人一贯表现得有信用，有借有还，所以这一次可以放心借给他。

有的信，是基于舆论。我们相信把孩子送到各式各样的培训班学习，不留喘息的时间和空间，是对孩子人生负责的行为，在别人家、在社会舆论高调宣扬从起点就准备冲刺的情况下，任由孩子自然成长，是一种纵容，是对前程的漠视。

还有的信，可谓相沿成俗的传统格言、戒条，我们相信"善有善报，恶有恶报"，相信"举头三尺有神明"，相信"人在做天在看"，相信"风雨过后是彩虹"，相信"否极泰来"，相信

"天生我材必有用",相信"是金子总会发光的"等等。所以,我们会内惧神明,自我约束,不敢放肆胡来;我们会在逆境中自我激励,熬过难关。这些信念或者戒条,成为自律的凭证和励志的支撑。

但以上关于信的种种情形,都是相对的。

因为知识有边界,如德国哲学家康德所言,知识只是对现象的认知,在这个意义上才有普遍必然性,而对于事物自身,知识是无能为力的。

经验也不可靠,有的骗子精心布置骗局,事先有借有还,建立起极佳的信誉,令人丧失戒备,最后来个卷款潜逃。经验来自于对过去经历的归纳,而归纳总是有限的,已验于过去的不能保证必然有验于将来。英国哲学家罗素编过一则火鸡的故事:在某个养鸡场里,有只火鸡发现,主人于上午九点准时喂食。它当然不会轻易相信,于是多方求证,它观察到无论刮风还是下雨、无论周中还是周末等各类情形下,主人的做法自始至终从未改变,这才得出确切不疑的结论——主人总是在上午九点喂食。火鸡彻底安心了,不复有忧,复活节前夕,它如平时一样准备安享主人的喂食,而此次等来的却是主人早已霍霍磨好的刀。

至于社会舆论,不过是乌合的众意。法国社会心理学家古斯塔夫·勒庞在《乌合之众》中说:"不断重复的说法会进入我们无意识的自我的深层次区域,而我们的行为动机正是在这里形成的。到了一定的时候,我们会忘记谁是那个不断重复的主张的作者,我们最终会对它深信不疑。"

那些相沿成俗的格言或者戒条，多是个人秉承的信念。这个信念固然可以使人有所不为，或者予己以力量，平稳消解、渡过现实的困厄，但更有可能是在现实中对这些信念发生强烈的质疑。司马迁为伯夷、叔齐两兄弟立传，叙述二人高洁的品行和悲惨的遭遇后，愤然不平："天之报施善人，其何如哉？"说好的善有善报恶有恶报乃昭彰的天道，现实却是好人饿死而坏人福寿双全。于是司马迁就开始怀疑天道了："余甚惑焉，倘所谓天道，是邪非邪。"

此外，有的格言、戒条背后的道理和逻辑，不过是某种特定社会条件下的世态人情的抽象反映。《战国策》里有个故事极有意思：秦攻齐，齐王委派章子为将军。从前线多次传来消息称章子降秦，但齐王不为所动，信任如故。之后章子果然大败秦军，左右询问齐王何以如此信任章子，齐王说："章子母亲曾经得罪其父，被其父杀之，埋在马栈下。我向章子承诺，如果此战获胜，为其母更葬。章子说自己也能更葬，只是父亲没留下遗命就去世了，如果为母亲更葬就是欺骗死去的父亲，所以不敢。一个人连死去的父亲都不忍心欺骗，更何况是活着的君王呢！"齐王对章子的信任很感人，不过齐王的信任是建立在当时社会的性格之上：一个人如果不欺骗死父，那么必然不会欺骗生君。因为家国同构，君父同位。《论语》就说过："其为人也孝悌，而好犯上者鲜矣。"在家族内能做到孝悌，在社会上也就不会犯上——家庭伦理与政治伦理是同一种逻辑。齐王相信的其实是这个逻辑，所以很自然地相信章子的忠诚。但这个道理没有严格的普遍性，多的是人爱亡父而不忠于生君，况且一旦社会发生变化,家国不再同构而相互分离——家作为私人领域、国作为公共领域从此遵循各自的逻辑,就没有人相信爱父和忠君这风马牛不相及的事可以画等号。

所以,信仰之所信,不是世俗的、经验世界中的人、事、情、理,因为这些东西都是有条件的,都是可能变化的。信仰的真正对象,只能是超验、无限、绝对和永恒的存在。

为什么人会相信此类事物的存在?如果简单从人的生存这个角度来切入,是因为人所遭遇到的某些根本性的问题如痛苦、罪恶和死亡等,无法用世俗的方式来解决,而必须仰仗、乞灵于信仰。

人生皆苦,佛教就是立足于这一点来立论施教。生、老、病、死等生命中的每个环节几乎无一能避免痛苦。当然,有些痛苦是可消解的,如贫穷的痛苦在富裕后自然得到解决,相思的痛苦在团聚后随即消失,得不到的痛苦在得到后自然不存在。但根本性的痛苦,诸如无常之苦,则很难轻易断灭。现代哲学家熊十力先生就此有所感悟,其自道:"余少失怙,贫不能问学,年十三岁,登高而伤秋毫,时喟然叹曰:此秋毫始为茂草,春夏时,吸收水土空气诸成分,而油然滋荣者也。未几零落为秋毫,刘那刘那,将秋毫且不可得,求其原质,亦复无有。三界诸有为相,皆可作如是观。顿悟万有皆幻。"[①] 熊十力先生由秋毫顿悟万有皆幻,感受到人作为有限存在的最根本的无常之

---

① 熊十力《心学·船山学日记》,转引自王德峰《哲学导论》,上海人民出版社,2000年,第119页。

性。熊十力先生接着说:"由是放浪形骸,妄骋淫佚,久之觉其烦恼。"依靠"放浪形骸,妄骋淫佚"来扬弃无常之苦,是不可能的,只能重增"烦恼"。

罪恶也难以避免。一般的恶,我们可以还原出特定的社会原因,如大环境不好,把人带坏了;还有生理机制,如由于某种特殊癖好、上瘾以至于作恶而不能自拔。这些都可以通过改良环境、移风易俗,以及有针对性的心理治疗来矫正和改变。但有的恶是带有根本性的,它来自于人的自由意志自身——人本性自由,就杜绝不了作恶的可能。古罗马的基督教神学家圣·奥古斯丁在《忏悔录》中自记他少年时代的故意作恶:"我却愿意偷窃,而且真的做了,不是由于需要的迫胁,而是由于缺乏正义感,厌倦正义,恶贯满盈。因为我所偷的东西,我自己原是有的,而且更多更好。我却并不想享受所偷的东西,不过为了偷窃与罪恶。"他就此继续深入剖析他的心灵:"罪恶是丑陋的,我却爱它,我爱堕落,我爱我的缺点,不是爱缺点的根源,而是爱缺点本身。"① 自由是人的意志的起点,所以人可善可恶,就在当下一念之间,这样,恶的发生从根本上无法杜绝其可能。

还有关于死亡的困惑。死亡是所有人不可避免的唯一归宿,却又令人惶恐不安。古人有诗:"人生忽如寄,寿无金石固。万岁更相送,贤圣莫能度。"死亡无情地展示了人生在世的暂时性,展示了人生在世的过客性。对这个无情的事实的深刻感受,不是个理论问题——尽管有哲人说"哲学是对死亡的沉思",但

---

① [古罗马] 奥古斯丁《忏悔录》,周士良译,商务印书馆,2015年,第30页。

死亡的意义只是引发沉思，而不止于沉思，它终究是个实践问题：可以导向"浮生若梦，为欢几何"式的对人生的放浪，可以导向"行到水穷处，坐看云起时"式的对人生的随缘等，但无论哪种，都从根本上无法解决死亡的困惑。

对于苦、罪和死等这些终极性的问题，科学无能为力，而必须让位于信仰。也就是说，信仰是用于处理人的终极困惑。当人遭遇此类问题而无法自拔，就要进入信仰的领域来立命安身。

二、如何信

信仰的态度，则是虔诚的信、坚定不移的信；不是有条件的信，而是无条件的信；不是相对的信，而是绝对的信。当代神学家保罗·蒂利希论信仰："对《旧约》时代的人来说，信仰就是对耶和华、对他所体现的要求、威胁和应许的一种终极的、无条件的关切状态。"①

必须指出的是，作为信仰的信不能等同于迷信。迷信是理智的自我迷失，而信仰是出于理性的有限。贺麟说："迷信起于愚昧，代表未开化的民族，未受科学教育的人民的原始心理。而信仰乃基于知识。唯有受过科学教育的洗礼和启蒙运动的开导的文明人，方足以言信仰。迷信可以为科学知识所祛除净尽，而信仰不仅非科学知识所能推翻，而且有时科学知识反而可以

---

① 转引自张志刚《宗教学是什么》，北京大学出版社，2002年，第241页。

加强我们的信仰。"①

作为信仰的信,有以下三个特点。

其一,非利。

一般的相信,背后总带有信仰者的某种利益期待。一个相信"天将降大任于斯人也,必先苦其心志"的人,无疑是希望终能完成大任。哪怕为国为民,也是功利的态度,尽管很高尚,不是为了一己之私利。

但作为信仰的虔信,是非功利性的,就是为信而信,而不是为什么而信。小说《西游记》中的唐僧,作为高僧,一路跋山涉水,十四年如一日,抗拒种种诱惑,克服艰难,非有懈怠,只要鼻息尚存,绝不改变取经求法的初衷、宏愿,如果不是有源自信仰的力量来支撑,断难有如此恒心。但是唐僧取经,却非基于信仰,而是为了完成唐太宗所交代下来的政治使命,是为了酬答唐太宗对他的破格恩宠,隐约有士为知己者死的用意在内。所以,像唐僧尽管阿弥陀佛从不离口,意志也坚定,还称不上是严格意义上的虔信。

其二,唯一。

信仰的信,是唯一的,也就是排他的。即只信此,不信彼;认了这个,不再认那个。这就体现出信的坚定。相反,既信此,又信彼;既认这个,也认那个,表面上看是所信的多元,实际上是信得不坚。总之,不比得了疑难杂症求医问药,一个医生不灵,再找下一个,甚至把相关医生全都聚拢起来,进行会诊;

---

① 贺麟《文化与人生》,商务印书馆,2002年,第87页。

信仰之信,是一条路走到底,认准不回头。

其三,有疑。

真信仰是对自己的"信"还有所怀疑,不是怀疑信得不够,而是怀疑有可能信得不真。邓晓芒解析《圣经》中亚伯拉罕杀子以撒向上帝献祭的故事,说明何谓信仰之真、信仰之诚——"真信仰是以恐惧为前提的,它表现为'恐惧与颤栗',表现为冒着万劫不复的危险去行动。真信仰是自我否定、自我拷问、自我验证的信仰,真正的信,首先就是不信,即不相信自己的信。所以,有真信仰的人不会信誓旦旦地说'我信!'毋宁说,他在信仰的问题上恰好是沉默的,失语的。因为真信仰是一个过程,一个苦难的历程。"[①] 真信仰以"恐惧"为前提,并不是说信仰是恐怖的精神活动,而是强调信仰者首先要怀疑个人的信可能不真、不诚,而不是自我感觉良好,这就能促成人随时随地拷问和反思自己的信,这个过程当然是痛苦的,某些情况下可能是恐怖的,但唯经此过程,才有可能通达真正的信仰。

总之,作为信仰的"信",不带有任何功利性,这种信与利益无关,即便"信"的结果对信者是有利的,也不构成"信"的前提。作为信仰的"信"还是唯一的,也就是排他的,如果什么都信,本质上就是什么都不必信。最后,作为信仰的"信",对于信者自己而言,还是可怀疑的,怀疑就表示信得可能不真,信得不真,即可能还有难察但又潜存的不纯动机在,这种信仰上针对自身的自疑意识,一方面使信者谦卑,另一方

---

① 邓晓芒《新批判主义》,湖北教育出版社,2001年,第169、170页。

面又使信者有无尽的改善空间,从相对之信趋于绝对之信。

三、信过吗

历史上,我们中国人有信仰吗?

这个问题很奇怪,因为历史上中国人的信仰并不比别的民族少。土生土长的道教、印度过来的佛教、西方传入的景教,还有伊斯兰教等,在中华大地上遍地生根。这些信仰济济一堂,和谐共存,抚慰传统中国人的心灵。中国人有自己的信仰,是个有目共睹的事实。

但我们所说的,是真正的、严格意义上的信仰;这,确实在国人身上少见。其实,就一般情况来说,大多数中国人并没有形成真正的信仰。农历正月初五,据说是迎财神的日子。每年这个时候,都会有数十万武汉市民涌入归元禅寺上香拜财神。归元禅寺乃华中名刹,有著名的五百罗汉堂,历来香火很旺,正月初五的日子更盛了,香客们热情高涨,当天归元寺周边都要重点维持交通秩序。令人啼笑皆非的是,虔诚敬香的香客们,似乎没有考虑到财神赵公明乃道教之神,居然跑到佛寺去祭拜!如果财神赵公元帅有灵,他该如何面对这几十万拜错地方的香客?

《红楼梦》里写贾府为秦可卿操办丧事,停灵四十九天,"单请一百零八众僧人在大厅上拜'大悲忏',超度前亡后死鬼魂;另设一坛于天香楼,是九十九位全真道士,打十九日解冤洗业醮"。和尚、道士一起上阵,协同配合,齐抓共管死者的亡灵,这既是富贵人家的阔气和排场,也是一般人的认知:和尚、道士各起各的作用,丧事就圆满了。全然不以为两种宗教彼此会有不协调乃至冲突的地方。

为什么在中国人身上普遍看到真正信仰的缺乏?

一是权力独大。中国传统社会,有个引入注目的特征,就是权力的独尊、独大,基本上不具备与其对等、能够制衡它的其余社会力量。从历史上来讲,一般能够制衡权力的社会力量,有贵族、商人和宗教。这三者,在中国传统社会中,均比较微弱。

譬如贵族。魏晋南朝时代,是贵族力量强大的时代。尤其是东晋,形成了门阀政治的局面。东晋开国之初,当时流行一句话,"王与马,共天下",即代表世家大族利益的琅邪王氏和代表皇权的司马氏分享权力。这个局面并没有维持下来,隋唐之后,世家大族慢慢消失在历史中了,取而代之的是"白衣卿相",是"朝为田舍郎,暮登天子堂"。将相既然无种,那么所谓"男儿当自强",其实就是千方百计接近、靠拢权力,满足其需要,赢得其垂青。

再说商人。中国传统社会一贯抑制商人,这是常识。明代中期后,商品经济发展很快,商人阶层显现出很强的活力。他们能不能挑战权力呢?很难。我们看《金瓶梅》这部小说,它的主人公西门庆是枭雄式的商人,精明强干,很有手腕,积累下巨大的身家。财富的积累给予他很大的自信,他曾经很狂妄地说过:即使把嫦娥强奸了,也能摆平。这当然是他基于对他的财富的信心。如果这能成立,就意味着财力将转变成雄厚的社会政治力量。但其实这不能代表西门庆的真正想法。西门庆为了经商的便利,曾经花钱捐过一个官职,撑场面用的。他儿子满周岁,西门庆抱着儿子感慨地说:儿啊,你长大了,一定要走科举考试的路,正儿八经求得一官半职,不要学你爹花钱买个,虽然有兴头,却不受人尊重。我们知道,一个父亲,无论他本人做什么以及怎么做,他对儿子的期许才能代表他对于社会的真实态度。他是真诚希望他儿子能走和他不一样的路,西门庆代表着传统社会中的商人对于权力的认知。不管他们自己怎样嚣张狂妄,但他们突破不了时代,他们的现实选择是依附、顺从、投身权力,即使他们自己做不到,也期待自己的下一代做到。

再看宗教。中国传统社会有宗教,而且还不止一个,但没有发展到欧洲那样的程度。欧洲中世纪,控制精神世界的神权和控制世俗社会的政权分庭抗礼,比肩而立,没有实现清一色。当时流行着这样一句话:上帝的归上帝,凯撒的归凯撒。有人说,历代尊孔,孔子在思想领域是至高无上的;但孔子再大,也不是教主。孔府有门联:文武百官首,历代帝王师。可见,孔子也只被认为是首席大臣、帝王之师。孔子最高的封号是"大成至圣先师文宣王",他是被册封为王的。请注意,但凡能被给予的,也能被收回。所以,历史上既有尊孔、张孔的时代,也有辱孔、毁孔的时代,其背后都是权力根据自己的利益需要在作祟。佛教传入中国,魏晋时许多佛教徒坚持佛教的世界高于世俗的世界,所以当时有"沙门不敬王者"的观点,但佛教的传播、扩散和壮大,是离不开政权的支持的。东晋高僧释道安就认识得很清楚,"不依国主,则法事难立"。这句话透露了传统中国政治权力大一统的前提下佛教必须仰其鼻息才得以发展的真相。

权力主导着社会格局，很自然，权力主导着社会资源的分配。顺理成章，人的身份、地位都要根据他与权力的距离来确定。也就是说，人与权力的关系的密切度，决定着他对于社会资源的拥有量。与权力的现实距离，才是人们最在意的。也因此，对现实权力的相信，才是人们最愿意有的。

二是实用导向。

不容否认，人内心中都潜藏着信仰的需要。司马迁《史记·屈原列传》说："夫天者，人之始也；……人穷则反本，故劳苦倦极，未尝不呼天也。""天"，是人的始初。人在困窘之时，很自然地就要返回到这个始初，所以劳苦到极端，没有不吁求、渴盼"天"现身、施援的。但传统中国未发展出对于"天"的虔信。尽管中国人也说"人在做，天在看"，用"天"来督责、约束人的作为，但中国人把"天"抬出来，终究是希望能够看到立竿见影的实效，如果没有，则有怀疑、怨望以至非毁。元杂剧《窦娥冤》中的窦娥，人好却没好报，连遭厄运，受尽苦楚，在刑场上，在生命的最后一刻，她尽情宣泄对天地的怨恨："天也，你错勘贤愚枉为天！地也，你不分好歹何为地！"骂得这样痛快淋漓，就是发泄对天地没有主持正义、实现公平的不满。在以窦娥为代表的相当一部分中国人的观念中，天地就是勘贤愚、分好歹、辨是非的，现在她明明陷入善恶失报的错谬之中，天地居然无动于衷，这样的天地就不配为天地。是的，如果没有看得见摸得着的效果，如果所求得不到灵验，无论是天地还是鬼神，在一般人看来，就不值得去信！

我们经常见人进庙烧香、见寺拜佛，好像很诚，但这些人多半是为消灾，为解难，为祈福，为姻缘，为升官，为子女升学，为交好运等，目的很功利，也很具体。在民族、国家危亡之际，有识之士信仰某种主义、学说、真理等，也是为了拯救社会危机，解民倒悬，建立更公平、合理的新社会，尽管不求一己之小利，而求众生之大益，其立意和追求可谓高尚，令人敬仰，但也还是在功利的范畴内，很少又从精神的层面去树立信仰，信仰没有在普罗大众内心深处扎下根来。侯宝林有个相声《买佛龛》，微微可以透露大众的心声。一个老太太买了个佛龛，碰见个小伙子，小伙子很热情，主动打招呼："大娘，出门儿啦！哈……买佛龛啦。"老太太不乐意了："年轻人说话没规矩，这是佛龛，能说买吗？这得说请。"小伙子改口："您多少钱请的？"老太太说："咳，就这么个玩意儿，八毛。"这个相声活灵活现地刻画了一般人对待信仰的真实态度。

所以，赵紫宸说："中国人大都相信人类只有这个现象世界，以及世界上的芸芸众生，除却了这世界与世人，更没有超越的真际。所谓理、性、天、道、法都是与形式、物质和而不离的，也都是内在的，不是超越的。任乎自然是中国的大道理。老百姓依地为生，靠天吃饭，耕田作农，娶妻生子，天生天化，在承平的时代自得其乐，在战乱的时节听天由命。大人先生们挂着儒家的招牌，抱着道家的态度，其上也者还是志于道、依于艺，其下也者还是升官发财。到了今日，表面上都改了样子，骨子里依然满含着道家逍遥游的精神，儒家无可无不可的情态。

这样的人最会自诩优容的大度,实收浮漂的细利,对于宗教最不在乎,对于宽大的自由主义,科学式的自然主义,艺术化的人文主义,理性化的学问主义最能兼收并蓄,五体投地地投降,而对于讲启示的基督教最不能领悟。他们自己最迷信,最会崇拜自手所造的偶像,却最不会领受超自然超人生宗教的真实,最不容易相信人格的上帝。自信不迷信的人是最迷信的,也是最怕迷信,也是毫无任何信仰的。"[①]

三是变通为常。

实用为本的背后,还有另一种更深刻的观念,就是推崇通权达变,把灵活变通置于首位,视为常态。有许多日常谚语、俗语都宣扬的是这种通权达变的处事立身的模式,如识时务者为俊杰、见机行事、入乡随俗、顺水推舟、乘势而为、无可无不可、树挪死人挪活、到什么山上唱什么歌,等等。作为反面的对照,不知变通者,就是冥顽不化、执迷不悟、迂执不堪、守株待兔、刻舟求剑、认死理、不开窍、一根筋、直肠子、木头脑袋、走极端等,如此做法在中国社会中都是被大众轻视的。西汉末年,群雄并起,割据西北的隗嚣派部下马援考察刘秀,复命后马援与隗嚣比较刘秀和刘邦,说:刘邦为人"无可无不可",而刘秀则行政能力强,所以刘秀比不上刘邦。马援的评判依据就是"无可无不可",这是说刘邦豁达大度,没有什么一定可以的,也没有什么一定不可以的,对人对事不存成见,立场从不固定,所以能依据形势和条件总是做出最合适的决策。简

---

① 赵紫宸《神学四论》,商务印书馆,2014年,第5页。

言之，刘邦很灵活，处事无定法，这是最了不起的。这绝非是刘邦独特的个性，只不过在刘邦身上表现得分外明显，事实上，亦可谓中国人的基本性格，林语堂在《吾国与吾民》中论中国人之德性，列举了八点，"无可无不可"就是其中之一。

所以，"变通"才是中国人最根本的生活理念和行为模式。《史记·老子韩非列传》中，传说"孔子"见"老子"后大发感慨："至于龙，吾不能知其乘风云而上天。吾今日见老子，其犹龙邪。"因为变化莫测，不可捉摸，永葆活力，所以有道的"老子"在"孔子"看来犹如"龙"。司马谈《论六家要旨》评道家思想说："其术以虚无为本，以因循为用。无成势，无常形，故能究万物之情。不为物先，不为物后，故能为万物主。有法无法，因时为业；有度无度，因物与合。"通权达变，就是司马谈在这里所总结的"因循"，"因循"就是凡事无成见，无预设立场，无可无不可，所以才能审时度势，灵活处理。

佛教也从它自身的理论立场回应和支持了上述思想观念。禅宗教人"破执"，用"缘起性空"来破除世俗中人对现象之实在性的坚执，而为了避免人们不自觉地对"空"也执着起来，《坛经》中六祖慧能说："莫闻吾说空，便即著空。第一莫著空。"当人能把"空"去"空"掉，意识上"空空如也"，进入无所执的境界，由此则做什么都行，"担水砍柴，无非妙道"。简言之，既然最终什么都不必执，所以就不妨碍当下什么都可暂执，只要"佛祖心中留"，酒肉也不是不能穿肠而过，甚至可以呵佛骂祖，必要时连佛像也可当成木柴来烧，于是人就能够做到"因"缘"循"分。

变通、因循,其实就是不绝对坚持;而不绝对坚持,反映在观念上就是不坚持绝对。这种文化性格、立身模式与信仰本身所要求的"坚持绝对、绝对坚持"从根本上背道而驰。

四、无信则如何

中国历史上并未发展出真正意义上的信仰,充其量只是在世俗信念的范围内打转,以求得实际利益或者心灵抚慰。

不过,没有信仰也不是什么特别大不了的事,也不必汲汲引入或者建构严格意义上的信仰。中国走过了上千年,历经众多内忧外患,总能与时俱新,以超越自我来延续自我;在这个历程中,我们这个民族的核心价值观功莫大焉。是的,尽管中国传统社会信仰不发达,但同样能起到精神支撑和凝聚作用的核心价值观异常自觉。

儒家有它的核心价值体系。孔子讲仁,虽说他对仁并没有一以贯之的确切定义和解释,但历代儒生孜孜教化,使其深入到民族意识的深层次中,化为整个民族的文化心理结构的一个重要组成部分。仁中所蕴藏的"那种来源于氏族民主制的人道精神和人格理想,那种重视现实、经世致用的理性态度,那种乐观进取、舍我其谁的实践精神……都曾在漫长的中国历史上感染、教育、熏陶了不少仁人志士"[①]。

就个体生存的角度来讲,儒家的"仁"也能回应前面所提

[①] 李泽厚《中国古代思想史论》,生活·读书·新知三联书店,2008年,第34页。

到的那些带有终极性的问题。

庄子说"彼仁人何其多忧也",作为思想的对立面,庄子对儒家式仁人的忧苦特性看得更清楚。但实际上,很多人都已发现,仁人之仁,最主要的心境是"乐"。明代大儒王阳明说:"乐是心之本体。仁人之心,以天地万物为一体,䜣合和畅,原无间隔。"仁人即使心忧天下,在王阳明看来,其内心也是和乐的,因为仁人以天地万物为一体,心总安定,且这种和乐安定还是人心的本然状态,所以真正的仁人并不忧苦。现代新儒家梁漱溟说:"可知乐在孔学中最为重要。这乐字在《论语》里是常见的,并没有一个苦字。""乐为孔子生活当中最显著之态度,《论语》言之甚详。"[①]

信仰能使人"有靠",有所依靠、依傍,即形成精神的支柱,如此才能独立、安定。人的存在需要支撑,而一般的支撑大多是相对之物,如名、财、位,或者具体的人。《红楼梦》里贾宝玉被父亲贾政打得皮开肉绽,其母王夫人哭得死去活来,阻止贾政:"既要勒死他,快拿绳子来先勒死我,再勒死他。我们娘儿不敢含怨,到底在阴司里得个依靠。"如果唯一的儿子贾宝玉遭遇不测,王夫人便没有了"依靠";贾宝玉作为儿子,既是王夫人在贾府地位的现实支撑,同时也是她个人的情感慰藉。所以,她承受不了失去贾宝玉的代价,贾宝玉就是她的精神支撑。她目睹宝玉挨打的惨状,痛苦不堪,这个痛苦不仅仅是母亲对儿子的怜爱,还是担心失去精神支撑的不安。所以,相对

[①] 梁漱溟《梁漱溟先生讲孔孟》,中华书局,2014年,第22、23页。

的精神支撑，总处在变化中，它并不足以使人彻底安心。绝对的支撑，只能诉诸信仰。信仰的对象乃是绝对的，对信仰者而言，因之其作为精神上的支撑也是绝对的。不过，使人绝对安定的，除了信仰，也可来自于核心价值观。《论语·子罕》："子畏于匡，曰：'文王既没，文不在兹乎？天之将丧斯文也，后死者不得与于斯文也；天之未丧斯文也，匡人其如予何？'"孔子在困顿之中，如此自信，其底气就来自于他确认的仁。

信仰能赋予人须臾不可离的使命，引导人做无限的追求。核心价值观也有类似的功能，因为这样的价值本身就值得人当作最后的、最高的目的去实现。孔子的学生曾子说："士不可以不弘毅，任重而道远。仁以为己任，不亦重乎？死而后已，不亦远乎？"曾子把行仁作为使命来弘扬和担当，终身不渝，死生以之，这与信仰是一致的。

第五讲 爱国今论

年轻人富于血性,情感真挚,对国家有天然的、近乎本能的热爱。但从思想修养的角度来说,爱国也要经过深入思辨,才爱得其法,才爱得深沉。不经过反思,不经过理性的、系统的清理,所谓的爱,很可能是盲目的,是本能的情绪冲动,而在不自觉中偏离真正的、理性的爱国轨道,走到狭隘、偏激和极端的境地。爱的对立面是恨,但爱国的对立面是祸国,即爱国应该是尽力造福国家及人民而非祸国殃民。我们之所以批判狭隘、偏激和极端的所谓爱国,就在于这种行为似是而非、如朱夺紫,极容易殃民祸国。

一、从中国游客唱国歌说起

2018年1月27日,一百七十五名中国游客乘坐的一架日本廉价航空公司的班机,因天气原因,被迫在日本东京成田国际机场滞留了备受煎熬的二十四小时。由于沟通不畅,中国游客以为遭到日本方面的怠慢和歧视,由此群情激愤,还爆发了肢体冲突,有部分游客当场唱起了国歌。在海外旅游,游客与当地企业、组织发生纠纷,大唱国歌来表达情绪,并不是孤立事件,在近几年的一些新闻报道中都能发现类似的事情,一激动就高唱国歌。

唱国歌,说明了当事人对事情性质的判断:不再是作为普通消费者被侵权,而是作为中国人被欺辱。这性质就严重了,所以,以唱国歌的形式来进行动员,号召团结一致,同仇敌忾,以示中国人的不可欺、不可辱。

我们当然会说这些游客是反应过度,小题大做,上纲上线。不过,更值得深思的是,何以一众游客都如此敏感,在海外稍微发生点纠纷,就觉得受到所在国的歧视,就不约而同地自动拔高到爱国的层面?

造成这一现象的缘由有很多,其中之一为多年来所受的教育的影响。我们从小所接受的历史教育,就是中华民族在近代饱受西方列强的欺凌,被蚕食鲸吞,几乎快到亡国灭种的边缘。列强对中国从来都是图谋不轨,虎视眈眈,亡我之心不死。受这种历史叙述模式的影响,中国人心中或多或少都蕴藏着处于强敌环伺的民族悲情意识。这种意识在自己国家内一般不容易表现出来,但假如身处海外,在陌生的、无援的异国他乡,一旦自认遭遇不公,就很难从普通民事纠纷的角度去考虑和处理问题,而是把自己和国家联系起来,使长期累积的悲情借助于自己的遭遇得以释放。

再一个,就是普通国民对世界体系中国家之间关系的定位始终缺乏现代的眼光。近代以来,中国面临着来自外部强悍的异质文明的挑战,缺少足够的应对能力而连连败退,"外"成了一个如影随形、挥之不去的阴影,始终盘踞在中国人的头上,从而生出不同形态的非理性情绪，如义和团式的盲目"排外"、"仇外"，再如《二十年目睹之怪现状》等晚清讽刺小说中所描述的种种"惧外"、"媚外"，民族独立、自决后又有了只争朝夕式的"赶外"、"超外"，在闭关锁国状态下则有自我感觉良好式的"丑外"、"诋外"，近年来中国强势崛起，又令不少人催生出"坐二望一"、"彼可取而代之"的憧憬，甚至产生唯有中国才能救世界的论调，因而自我感觉良好，不禁认为三十年河东三十年河西，如今中国足够"优外"、足以"胜外"。所有这些"排外"、"仇外"、"惧外"、"媚外"、"赶外"、"超外"、"丑外"、"诋外"等种种情态，可谓异形而同质，都是无法客观认知和理解外部世界、捋顺内外关系的反映。

还有就是"敌对思维"的泛滥。居安思危的忧患意识，本是中华民族在漫长而艰辛的历史过程中所积淀、凝聚下来的生存智慧。不过，生于忧患的思想，更多的是对自身的提醒与警戒，防止意志的空疏与精神的懈怠，而不是对现状的真实认知与断定，更不是抱着疑惧的眼光到处去扫描潜在的敌对势力。但有些敏感的人，习惯性地用"别有用心的敌对势力背后操纵"等阴谋论式的思维来简单解释各类纠纷，无形中把自己塑造成受尽国际社会排挤、压制的孤愤者的形象。这种孤愤的自我意识一经塑造和形成，它便会重构历史记忆，把民族复兴的伟大梦想降格为从此扬眉吐气，而不是把自身曾经的民族苦难升华、凝聚成全人类对霸权主义所造成的荼毒的切肤之痛以及对超越霸权主义的共同期待，所以，逐渐变成了一种可进行追偿和索赔的债务。由此，它不但不会消解历史恩怨，还会把历史恩怨作为打造某种共同心态的工具,历史与现实纠结在一起,剪不断,理还乱,这就再生产出"敌对者"。

经过近三四十年的高速发展,中国现在已经是世界上举足轻重的大国,在世界舞台上发挥的作用也越来越大,世界在关注、观察着中国。如果国人不能形成健康、理性的爱国态度,迷失于自大自傲、飞扬跋扈等非理性的做法之中,其后果不言而喻。

如果真要做到理性的爱国,前提之一,就是把"国家"认识清楚。

二、民族国家的兴起

国家是人类进入文明时代的标志。在历史上,国家的形态、性质不一。今天世界上绝大部分的国家都属于民族国家(nation-state)。民族国家诞生于欧洲,其实是最近三百多年来的历史产物。

民族国家诞生以前的欧洲大地,尚处在封建社会,国家很多,但彼此还没有相互承认和尊重,领土、主权等观念也处于孕育之中,并未呱呱落地,因之国家之间界限不分明。而且国家内部封建领主林立,各据一方。譬如19世纪前、尚未统一的德意志,尽管有名义上的皇帝作为共主,但大多数时候都被国内手握实权的大贵族们操控,没有号令全国的权威和能力;德意志的土地上共存有大约三百多个据地自雄的邦国,以及几十个自治城市和大大小小的一千多个帝国骑士领地,这么多的政治实体彼此互不隶属，各自为政①：

在这种态势下，普罗大众，只认同他们所从属的领主，不认同国家，简言之，他们不承认领主的领主为他们的领主。"王朝国家内部和相互之间的战争只是统治者的事情，是国王、贵族和骑士们的一种专业性活动。国家疆域更是老百姓们漠不关心的东西，无论归属于哪个国家的管辖，百姓们已然如常地过他们的生活。关于'民族自决'和'国家主权'的意识，在王朝国家的普通民众心中都是非常淡漠和薄弱的。"②

总之，这个时候，严格意义上的爱国主义作为一种意识形态，还没有正式登上历史的舞台。欧洲三十年战争结束后，1648年参战各方签订了《威斯特伐利亚条约》，确立了领土完整、主权与平等等诸多沿用至今的国际关系准则，这才促使作为国际关系基本单元的民族国家的出现。

民族国家有两重性质：以共同的历史记忆为基础的文化共同体，以及这种文化共同体的政治表现——国家。这种性质的国家，实际上是在新的历史条件下召唤一种新的内部关系，即通过"主权在民"这个被普遍承认的观念，借助于个人和国家的契约化的形式，最终实现国家对个人的忠诚的要求。所以，爱国主义就成了国家凝聚力的基石，成为一种不言而喻的意识形态。

---

① 钱乘旦《西方那一片土》，北京大学出版社，2015年，第186页。
② 赵林《西方文化概论》，高等教育出版社，2004年，第214页。

三、"天下"变成"国家"

就中国来说,传统中国当然不是现代意义上的民族国家,而是"家天下"。"家天下"的国家形态,有以下两个方面的特点。

其一,中国以"天下"自居,自认为是天朝上国,以君临天下的姿态处理和异国的关系,没有今天国际社会以为共识的国家平等的原则。以"天下"自居,与其说是一种傲慢的心态,不如说是一种基于文化先进、国力强大的自信。所以,传统中国的强盛时代,可谓"天下国家"。这种类型的国家,不甘于封疆自固,它是没有边界的——至少在观念上。所以,对待异族、异国,只要仰慕中华、接受中华文化,便可纳入中华的体系中,所以古人说"夷狄入中国,则中国之"。最典型的天下国家,是唐朝。仅举一例来说明唐朝的天下性:在大唐政府为官的,就有朝鲜人、日本人等异国人。大唐兼容并蓄,海纳百川,不拘一格,所以气象格外宏大。

其二,中国的天下国家非国民所有,而是一家一姓的私产,所以又是"家天下"。刘邦建立了中国历史上第一个平民王朝,大肆营建宫殿,奢华壮丽,在父亲面前炫耀:"从前,您说我是无赖,不能治产业,现在我和二哥刘仲相比,谁治得多!"明代的思想家黄宗羲就说:"后之为人君者不然,以为天下利害之权皆出于我,我以天下之利尽归于己,以天下之害尽归于人,亦无不可;使天下之人不敢自私,不敢自利,以我之大私为天下之大公。始而慚焉，久而安焉，视天下为莫大之产业，传之子孙，受享无穷；汉高帝所谓'某业所就，孰与仲多'者，其逐利之情不觉溢之于辞矣。"中国历史上的帝王们基本上都是怀着这个不证自明的前提来看待国家。晚清慈禧太后签订一系列丧权辱国的条约，还说"宁与友邦，勿与家奴"。她的底气这么足，就在于爱新觉罗家族辛苦打下来的江山归她掌握着，是她们家的私产。与其说她"卖国"，倒不如说她"败家"——没把列祖列宗传下来的家业看好。

　　家天下的国家形态，造成了如下三个后果。

　　其一，接受儒家意识形态的精英阶层，抱着天下主义的观念而非国家主义，所以，他们的文化认同要大于国家认同。明末的顾炎武说："天下兴亡，匹夫有责。"但是，一家一姓的王朝更替，匹夫无须承担责任。在历史上，有的异族能入主中原，建立政权，统治人口数量要远大于本族的汉族，与精英阶层的文化认同感有很大的关系。

　　其二，帝王们把国家视如私家产业，把普通民众排斥在国家之外，或者说普通民众对国家只尽义务，而无权利保障，造成民众对国家的疏离感。我们看杜甫的《兵车行》，写国家为开疆拓土，征发民力，壮丁们被迫抛家弃子，远赴边疆，而哀叹他们"被驱不异犬与鸡"的命运。元代张养浩的《山坡羊·潼关怀古》："伤心秦汉经行处，宫阙万间都做了土。兴，百姓苦；亡，百姓苦。"这曲子深刻揭示了传统中国普通民众的悲惨世界：连国家的兴盛也无助于改善他们的生存境遇，更何况是衰亡的时代！他们无论如何逃脱不了苦痛的宿命。尽管有学者说，传统中国的普通民众，除了纳粮、完税、服役、当差等义务之外，再不受国家辖制，拥有极大的自主权。其实，毋宁说民众除了交税、出力外，便不与国家发生联系了——他们的生死、存亡、祸福与国家几无关系。在这种情况下，普通民众理所当然自求多福，绝不寄望于国家，国家对他们来说，是个庞大的、异己的、"不仁"的存在，因之，他们自无可能依恋、热爱、忠诚于国家。

其三，天下国家尽管器局恢弘，显然必须以文化的发达以及实力的强大为基础，用今天的话来讲，唯有硬实力足够硬，软实力才成为一种"实力"。如果遇到文化上更具优势、实力上更胜一筹的外来挑战，精英阶层的文化自信就容易遭到瓦解，而普通民众对国家的疏离感又往往使他们置身于国家危机之外，束手旁观，因之，国家无法有效动员、集中社会资源来应对危机。不幸的是，在 1840 年后，中国频遭西方入侵，恰是这种情况。

历史上，中国也曾面临着诸多外部挑战，西晋灭亡后的"五胡乱华"、残唐五代的动荡，以及元朝、清朝以异族入主中原等，但最终无一例外在文化上接受了中华。所以，这些挑战都没从根本上动摇中国人的文化自信。但鸦片战争后，英法列强挟"坚船利炮"而来，强行叩开中国的大门，中国节节败退，几无抵抗之力，遭受了历史上所从未有过的屈辱；随着帝国主义列强的侵略从深度和广度两方面不断拓展，迫使中国出现了"三千年未有之大变局"，中国被无情地卷进了由西方帝国主义列强所主导的世界历史进程。担心亡国灭种的危机感，使一批批爱国志士们挺身而出，寻求破局之道。当然，一开始也不可能有明确的、整体的、深刻的、全面的认识，都只是在既定的历史前提下，针对危机中最迫切、具体和直接的问题来谋划变革。

今天，我们都认为洋务运动是近代中国明显主动求变的开端。洋务运动的目的是富国强兵，着力发展军工，解决技不如人的问题；可变革是牵一发而动全身，在与西方有更多的接触、碰撞和了解后，中国人发现制度比"器物"对一个国家的长治久安更加重要。晚清名臣郭嵩焘作为清政府的大使游历过西方各国，他是中学根底深厚的学人，是孔孟之道的信徒，是清政府的重臣，也是关怀国家命运的爱国者，经过他亲身观察和比较，他自认清庭在社会制度上要逊于西方，"每叹西洋国政民风之美"，这是当时中国没落的根由。如果说林则徐是"睁眼看世界"的第一人，那么郭嵩焘则是走进世界看世界的第一人。从制度入手来变革中国，在中日甲午战争后成为主流。无论是戊戌变法，还是清末新政，以及辛亥革命更为激烈的废帝制、建民国，都是要使中国在社会政治制度上与时俱新。不过，制度的变革并未如人所愿、未令中国焕然一新，相反，民国成立后，国家的基本面貌改观不大。于是，比制度更内在的文化因素又浮现出来，摆在人们面前。新文化运动的展开，就是从意识形态、从思想观念、从文化精神上，以西方为参照，来进行彻底的自我反思和批判，以图文化的现代化。

器物、制度和文化的逐次变革，环环相扣，不可分离，使中国人认识到中国的变革、转型乃是整体的，而非局部的；乃是渐进的，而非一次性的。或者说，在西方的强大冲击下，晚清以来的变革是以渐变而始，却将以全变而终。这个全变，如果说是总的历史任务，那就是以迫在眉睫的救亡图存再造中国，使中国获得新生。

四、"爱国"成为"主义"

新生的中国，无疑，对外是要争主权，争独立，争平等；对内，则必须重建一个统一的政治体。而前者又以后者为前提，如果不能形成一个统一的、强大的政治体，显然无法争得独立与平等，只会饱受欺凌和奴役；而统一的政治体，就是要在新的历史条件下再构国民和国家之间的关系。也就是说，国家不能再是一个抽象的政治共同体，必须深入国民的意识中，获得国民的认同，国民不再置身"国"外而自居为这个国家的一分子。而要使国民自居为国家的一分子，视国事如己事，那么必须尊重国民的权利，使国民相对于国家，不仅是个义务主体，同时也应该是个权利主体。国家和国民的关系，通过"权利"这个枢纽，紧密联系起来。

这种新的国家观念、新的个人与国家的关系的观念，随着清末民族危机的加深，迅速地在国人中产生、扩散和发展。

梁启超就是这样认识且力倡。1899年，梁启超发表《爱国论》，其中说道："国者何？积民而成也。国政者何？民自治其事也。爱国者何？民自爱其身也。故民权兴则国权立，民权灭则国权亡。为君相者而务压民之权，是之谓自弃其国；为民者而不务各伸其权，是之谓自弃其身。故言爱国必自兴民权始。"梁启超把"兴民权"看成爱国的起点，就是认识到"爱国"不同于历史上的"忠君"，必须置于国民和国家的新型关系这个前提下来展开。

严复把英国思想家穆勒的名著《论自由》翻译成《群己权界论》，就已表明他深刻地理解到人的现实自由就是群体和个人的权利边界的问题。严复说："求国群之自由，非合通国之群策群力不可。欲合群策群力，又非人人爱国、人人于国家皆有一部分之义务不能。欲人人皆有一部分之义务，因以生其爱国之心，非诱之使与闻国事，教之使洞达外情又不可得也。"要实现国家独立与自由，必须依赖于全体国民的参与。要使国民参与，必须激发起爱国心；要使国民心皆爱国，必须尊重和保障国民的权利。严复还说："义务者，与权利像对待而有之词也。故民有可据之权利，而后应尽之义务生焉。无权利，而责民以义务者，非义务也，直奴分耳。"严复说得很清晰，没有权利，纯尽义务，不过是要人守奴隶的本分。

类似于这样的认识，在当时的中国还有许多。当先行者们睁开眼看清楚了世界后，努力推进中国自身的变革，以权利和义务为基础，在观念上重新建构国民和国家的关系，乃成大势。

由此，爱国也就成了"主义"，成了中国百年转型的历史进程中不言而喻的最大的道理。尤其是在外患深重的时候，爱国主义便成为压倒一切的最高道德标准。我们随便举个例子，"五卅运动"爆发后，舆论就呼吁"养成民众的民族观念和把爱国作为最高道德的建设"①。

五、今天我们应该如何来爱国

理清了民族国家的性质，以及中国近代以来谋求民族复兴的历程，还有"爱国"变成"主义"的内在要求，便可以确定今天的理性的爱国方式。

其一，参与。关切国家的前途和命运，参与社会公共事务。对国家的现状和走向漠不关心，以为事不关己，高高挂起，名义上是一国之民，而实际表现又自居为国"外"人，很难想象他们真的爱国。关切的实际途径就是参与。参与不是起哄，不是随大流，跟着走，而是以公民的身份主动参与公共事务，服务社会，关心国家。拒绝参与，或者被动参与，都不是一个真正爱国者应有的态度。

其二，具体。国家并不是抽象的存在，它就寄寓于它的历史文化传统以及现实的国民之中。所以，爱国，很自然地，就是爱同胞，重文化，敬历史。

爱国就是爱此国之国民。民族国家，本就是通过民族认同来建构国民彼此之间休戚与共、痛痒相关的情感联系。如果对同胞冷漠淡然，麻木不仁，缺乏情感，也很难想象这样的人会爱国，会在国家危难之际挺身而出。对同胞积极的爱，往高处

---

① 转引自黄兴涛《重塑中华：近代中国"中华民族"观念研究》，北京师范大学出版社，2017年，第134页。

说，是出入相友，守望相助；这一点确乎难以做到，但消极的爱不难，消极的爱就是不害人。如今食品安全成为上下共同关注的焦点性问题，因为它直接影响到人们的日常生活。有人说，我们在食品安全领域出现了"互害"的模式。据说种茶的不喝自己要卖出的茶，卖菜的不吃投放市场的菜，卖奶粉的不喝自家的产品……但人们生活于社会互动中，其结果是互中对方的招，这就是各为一己之私利而造成了整体性的互害。"互害"现象，或许夸张失实，放大了某些社会现象，但足以警示国人：对自己的食品安全性都不负责，明知害人而大卖，绝非爱同胞；进言之，亦非爱国。

爱国还在于尊重和传承民族之固有文化。有人说，"欲灭其族，必先灭其文化"。文化的灭绝，相当于树的断根。当初日本在台湾的殖民统治，其重要举措之一就是倾力断绝台湾的中华文化的血脉，培养台湾人民对日本文化的认同感。如积极开展和推进"皇民化运动"、令台湾同胞在日常生活中使用日语、用日本姓氏、放弃原有的祖先祭祀、皈依日本的神道教等[①]。

在民族之固有文化中，语言文字又特别重要。语言文字不仅仅是表情达意的沟通媒介和工具，也不仅仅是历史记忆的载体，它还是中华民族的民族精神的寄寓。民族精神一方面就在社会生活中，但往往"百姓日用而不知"，另一方面寄寓于语言文字。许多汉字其实是依据中华民族特有的价值观而被创造出来的。所以，睹"字"可思"族"，从文字中可以更好理解本

---

① 许倬云《台湾四百年》，浙江人民出版社，2013年，第77页。

民族的特有精神。例如，贵"和"是中华民族的特有价值观，从汉字中就可以了解古人是如何界定和理解"和"的。"和"，从禾。《说文解字》："禾，嘉谷也。二月始生，八月始熟，得时之中，故谓之禾。""和"与"禾"究竟是什么关系呢？"禾"，长势比较齐整，与草相对，草是乱长。禾，虽为人工种植，但必须有天时、地理、种子、肥料等多种因素的配合；禾的生长，表明了"人与自然最好的合作，是天地之气最平衡的交流"[1]，因之，"禾"就是和谐的最好明证。因为和谐无非是异质的统一与协调。以上只是泛泛而论，不过也由此可见，深入认识、了解和掌握我们民族的语言文字，也就能深入领会我们的民族精神。

爱国，也表现在尊重自己国家的历史上。因为历史是一个民族的共同记忆，历史把民族之过去和现在贯通起来，建构成生生不息的整体，所以历史可谓民族凝聚力的基础。

对本国历史的尊重，一则应抱以"温情与敬意"的态度[2]，而不应戏谑。最近几年中国拍了很多抗战题材的电视剧，其中有些内容极尽夸张之能事，有悖史实和常识到了不堪的地步，被称为"神剧"。抗日神剧的大行其道，是意识形态教育、资本的逻辑以及时代精神转变等三种因素相互叠加的产物。我们习惯"艺以载道"，看重文艺的教化功能。抗日战争的胜利作为中华民族可歌可泣的历史，自然是价值观传递的重点，所以，抗

---

[1] 王宁《汉字与中华文化十讲》，生活·读书·新知三联书店，2018年，第103页。
[2] 钱穆《国史大纲·引论》。

战剧有价值导向的教化使命；而影视剧制作的背后有资本的影子，资本是要无限增殖的，增殖的成功与否则依赖于是否准确把握、刺激和调动了大众的消费兴奋点；大众的消费兴奋点则受时代的引导和塑造，当前可谓全民娱乐的时代，娱乐精神天然规避崇高，消解神圣。所以，把严肃的抗战娱乐化能产生强烈的"陌生化效应"，可以吸引大众的关注，于是乎实现了资本的意图，满足了大众的消费，但对一个民族极有意义的历史戏谑、调侃，其实是对人们自身的戏谑和调侃。

对本国历史的尊重，再则应抱以"实事求是"的态度，客观对待事实真相，而不应出于实用主义的考虑而歪曲、掩盖历史，即真实大于立场、是非大于利害。因为真实最有价值，也最有力量。把对历史的失真的叙述、对历史的涂抹作为宣传或者教育的手段，从短期看可能会起到一定的效果，但从长期来看，终究站不住脚，经不起历史本身的检验。这方面我们的教训有很多，不能不慎重。更重要的是，对历史事实的尊重程度，可以检验出一个民族的理性程度。一个民族越理性，就越不必涂抹和装扮历史，而勇于面对它的本然和所有。这才是真正的自信和底气。

其三，文明。

所谓理性爱国，不仅仅是说要拒绝情绪化、极端化、暴力化的爱国，还应有一些价值原则必须经由理性的确认而通达爱国行为中。譬如文明。我们所讲的作为爱国方式、原则的文明，不是礼貌、素质等层次上的文明，而是与野蛮、残忍相对立的文明。

我们举日常生活中的例子来说明文明：两人发生纠纷，矛盾重重，为压制对方，为泄愤，什么招数都用，不管阴的还是阳的，只求有效。这就不够文明了。人类社会的进步，就表现在不断发展出更人道的方式来解决生存中的问题。一言不合，大打出手，势不两立，不是东风压倒西风就是西风压倒东风等，显然不如有话好好说，搁置暴力，一起协商、谈判。以协商来解决争议的机制，比暴力要文明得多。这就是进步。最早国与国之间的战争，非常野蛮、残酷。中国古代有个仪式，叫"京观"，就是把敌人的尸体摆成堆，像山一样，还封上土，用来标志胜利，炫耀武功。现代社会早已抛弃了这种做法，战争可能还是避免不了，不过尊重俘虏，礼葬死者，作战不针对平民，逐渐成为国际共识。这就是文明。所以，文明其实蕴含着底线在，文明的程度就是距离底线的高度。越高于底线，则越文明；反之，降于底线之下，则不文明。这个底线，就是对他者的普遍尊重。

其四，正义。

坚持正义。孔子说："不义而富且贵，于我如浮云。"对个人来讲，义大于利；对于国家来讲，更应该坚持义利之辨。一个国家如果是靠不正义的方式实现了强大，也是不值得称道的。近代日本的崛起，全靠发动不义的战争来侵略和掠夺邻国，中国所受的伤害尤其大、尤其深。在二战中，日本军政府对其国民进行思想控制，许多日本国民匍匐于荒谬的扩张理论，陶醉于日本节节胜利的虚妄的光荣，甘愿充当日本对外侵略的工具。侵略，尽管获利于一时，但是遗祸于久远。这个时候，能够站在正义的高度批判本国军政府的不义,才是真正热爱自己的国家。

理性的爱国,必有其价值导向,即对正义的确认和坚持。确认有正义并坚持之,才是大爱。"作为一种意识形态或价值体系,民族主义的目的在于培养民族成员的民族自我意识、态度和行为取向,以推进和保护民族利益为己任。"① 爱国主义的核心要义就是维护国家和民族的利益。问题是,对于维护国家和民族的利益与超越利益的正义,应该如何摆正这两者的位置?究竟如何考虑和维护国家利益?战国时儒家大师荀子有个观点,很值得借鉴。

《荀子·富国》说:"不利而利之,不如利而后利之之利也;不爱而用之,不如爱而后用之之功也。利而后利之,不如利而不利者之利也;爱而后用之,不如爱而不用者之功也。利而不利也,爱而不用也者,取天下矣。利而后利之,爱而后用之者,保社稷也。不利而利之,不爱而用之者,危国家也。"荀子认为治理国家有三种境界:不利而利,利而后利,利而不利。不给人利益而只求利用人,这种不公平的做法危害国家;给人利益后再求利用人,这种互利的做法仅可保存国家;给人利益却不求利用人,这才是取天下的做法。当然,荀子的观点不免有相当理想化的成分。互利互惠已属难能了,而更求超越互利的单方向施予,则更为可贵。而且,荀子还是用讲利害的方式来证明"利而不利"比"利而后利"及更下的"不利而利"要更有

---

① 郑永年《中国民族主义的复兴》,东方出版社,2016年,第60页。

利，实质是把"义"还原为一种最大的利，这是必须指出来的①。但荀子的观点也可以给予汲汲谋求利益最大化的现代国家以启示：一方面，正义高于国家利益；另一方面，坚持正义其实就能带来最大的国家利益。坚持正义和维护国家利益并不构成矛盾关系。

总之，今天我们理性爱国，前提是以积极参与社会公共事务来表明个人和国家密不可分的关系，如此则意味着爱国不但是一种不容推卸的责任，同时也是一种必须珍视的权利。至于爱国的路径，对国民来说，乃是具体的，即善待与自己一样有着共同历史记忆和文化传统、价值观念、生活习俗的同胞，尊重作为我们生命之精神基础的历史和文化。并且，爱国必须立足于脱离、超越了野蛮的文明底线，而坚持正义的价值取向。

---

① 在这一点上，荀子确实不如孟子的"王亦曰仁义而已矣，何必曰利"（《孟子·梁惠王上》），不如孟子坚持用非利害的思维方式论证仁义的价值。

第六讲 道德三议
——起源、真伪和功效

关于道德,是个聚讼纷纭的话题。我们主要从三个方面来分析,一个是道德的起源,通过分梳古今中外的各种道德起源的学说和理论来切入道德的本质;一个是道德的真伪,伪道德的横行与猖獗,比不道德的危害性更大,如何区分道德的真伪,历来是人们思辨的焦点;一个是道德的功效,有人说道德可分为利己主义以及利他主义,此外,有人主张道德之为道德,是与利益脱钩的,无论哪种,道德与功利的关系值得追究。

一、起源

事物的本质,就在其起源之中。一个事物是什么,就怎么样发生、发展和演变。讲道德的本质,就要追溯道德的起源。

道德的起源于哪里呢?我们先从一个例子说起。

网上有个段子,解释了道德的起源:科研人员把一群猴子关在铁笼子里。笼子顶部有串香蕉,香蕉连着笼子外一个高压水枪装置。只要香蕉一被触碰,水枪装置就启动,会冲击触碰者。猴子们一进笼子,看见香蕉,争先恐后去抢,结果装置启动,猴子们都被冲击,吃疼,不敢动弹。科研人员于是进行第二步,放出一只老猴子,再放进一只新猴子。新猴子一进笼子,立刻去抢香蕉,还没碰到,就被在旁曾经吃过水枪疼的老猴子们一阵暴揍,试过几次后,它也老实了,不敢去碰香蕉,知道轻举妄动会遭群殴;科研人员照此例再进行,新进的猴子再次演绎了前面的遭遇。久而久之,曾经切身被水枪喷射过的猴子都换出来了,一只只新进的猴子从未遭到水枪喷射,但它们一个个干望香蕉而不敢动手,视为禁忌。这个故事虽然是编造的,但是形象地说明了道德的起源以及道德的结构。道德,包括四个核心因素:

1. 道德是作为禁忌、作为不可违犯的规范,遵守则为善,违犯则为恶;

2. 道德自有惩戒机制,能对违规者施压;

3. 在漫长的演变过程中,道德将成为不知其所以然但不得不然的风俗、惯例、传统;

4. 道德将内化于人心中,积淀成一种道德信念,一种道德自觉。

所以,我们把道德可以定义成"是以善恶为评价方式,主要依靠社会舆论、传统习俗和内心信念来发挥作用的行为规范的总和"。

对于人类来说,究竟是什么在为人类行为订立"行为规范"呢?

从非马克思主义的角度来讲,大致有四种观念,分别是天意神启、先天人性、情感欲望和动物本能。

第一,所谓"天意神启",是说天或者神等超自然力量为人设下了行为规范。天意论的代表有中国西汉时的哲学家董仲舒,他有"天人感应"的理论,认为人是天的副本,人世对应着天意。所以天对人有规定,有要求。天不变,这些规定和要求就不可能变。董仲舒说:"道之大原出于天,天不变,道亦不变。"所谓"道",就是一般社会的通行规则。如果人的行为不合于道,大逆不道,那么就会"遭天谴"。在西汉,人们往往把地震、洪涝等自然灾害视作"天谴",此时人们就要自我检讨,皇帝也会下"罪己诏",反省自己的德行不够。这种做法,就是董仲舒理论的现实表现。

神启论的代表有《圣经·旧约》中的"摩西十诫"。摩西是犹太人的领袖,犹太人被埃及人奴役,是摩西率领犹太人逃出埃及;一路上遭遇种种险情,都被犹太人一一克服,创造了逃生的奇迹。这些奇迹更加坚定了犹太人对上帝的信仰,摩西于是代表犹太人在西奈山上与上帝耶和华立了个契约,达成十项协议,这就是"摩西十诫"[①]。

(一)除了我之外,你不可有别的神。

(二)不可为自己雕刻偶像;也不可作什么形象仿佛上天、下地和地底下、水中的百物。不可跪拜那些像,也不可侍奉它。

(三)不可妄称耶和华你神的名。

(四)当记念安息日,守为圣日。

(五)当孝敬父母。

[①] 《圣经》(简释本),中国基督教两会出版发行,第85、86页。

（六）不可杀人。

（七）不可奸淫。

（八）不可偷盗。

（九）不可作假见证陷害人。

（十）不可贪恋人的房屋；也不可贪恋人的妻子、奴婢、牛驴，并他一切所有的。

我们看十诫的具体内容，除了第四、五条之外，其余八条的表述形式都是"不"，这很鲜明地体现出了道德的指向——人绝对不该有的行为。

无论是天意论还是神启论，其实都是以信仰的名义、以超自然的力量为依靠，来强调某些行为绝对不可有，以此约束人的肆意妄为。所以，天意神启使人类的道德具有了绝对性和神圣性。但其缺陷也一目了然：如果没有信仰，或者说不信天意神启，这些戒律就没有了约束力。如元杂剧中的窦娥，她受尽了冤屈，在刑场上骂"地也，你不分好歹何为地！天也，你错勘贤愚枉做天"。连天地都这么痛快地骂，显然对出自于天的道德规范也不可能相信了。"摩西十诫"中第四条是"当记念安息日，守为圣日"，这是犹太教以及其后基督教的道德戒条。如果不信仰这两个宗教，自然也不会遵守。多年前，据说有帮中国人在西班牙某地经营服装，中国人勤奋，夜以继日地工作，几乎从不休息，结果把当地的服装企业全都挤垮了。当地人有信仰，严格作息时间，再加上其余因素，造成他们竞争不过中国人，于是产生了报复心，居然放火把当地的中国商场一烧而光来泄愤。对不信仰基督教的中国商人来说，不必恪守安息日必须安息的戒律，所以就不存在道德上的约束。

而且，把道德的起源归结到玄虚的天或者上帝，也就把道德神秘化了。马克思说："经验的观察在任何情况下都应当根据经验来揭示社会结构和政治结构同生产的联系，而不应当带有任何神秘和思辨的色彩。"对于道德现象也是如此。

第二，所谓"先天人性"，是说道德起源于人性，是先天的。人性基本上可分为感性和理性两类，于是基于先天人性的道德观也有这两类。前者以孟子为代表，后者以德国哲学家康德为代表。

孟子说："恻隐之心，仁之端也。"而且是"人固有之"。恻隐之心，是"仁"，也就是道德的起源。何谓恻隐之心？就是"不忍人"之心，用今天的话来说就是"同情心"。"同情"，不是怜悯和可怜，而是体贴人心、与他人有相同感受的感性机能。简单来说，就是我们讲的设身处地站在他人角度来考虑的意识。孟子认为，这个才是仁义道德的根源。我们举孟子自己的例子来说明。孟子问：人为什么会见义勇为？譬如一个路人经过水井，看见有个还不懂人事的小孩子在井边爬，即将落水，在这一瞬间路人下意识地就有了上前营救的念头。孟子分析这种心态：是路人考虑救了这个小孩子后他的父母会无比感激吗？不是，因为当时来不及这么想；是考虑到救了这个小孩子后引起整个地方的轰动，大家会把他树立为道德模范、表彰赞扬他吗？不是，因为也来不及这么想。孟子排除了所有的可能性，最后只剩下一个排除不了，这就是：见义勇为乃此情此景下路人自然而然涌上心头的"不忍"之心——路人下意识地把那个小孩子可能有的危险当成是他自己的危险,不忍看到小孩落难,所以要去救他。有鉴于此,孟子认为人人皆有的这种恻隐之心、这种感性的道德意识才是道德之所以为道德的起点,人需要在实践中把这种道德意识有意地修养、扩充直至充盈。到这个地步,人就可以称得上是有道德的仁人君子了。

但德国哲学家康德不这么看。康德的名言是:"有两样东西,越是经常而持久地对它们进行反复思考,它们就越是使心灵充满常新而日益增长地惊赞和敬畏:我头上的星空和我心中的道德法则。"① 康德把人心中的"理性"视为道德的来源,简言之,人皆有道德理性。康德的道德哲学体系非常庞大、复杂、深邃,我们这里只能尽可能简短地来介绍。康德认为:道德之所以为道德,在形式上必须合于理性。理性的特点,一是普遍性——不会因时、因事、因人而异;二是一贯性——不会自相矛盾。康德最喜欢举的例子是"不能骗人"。骗人,无疑在任何社会都不会被鼓励,是不道德的。但不能骗人的依据在哪里?人为什么不能骗人?如果是董仲舒,会说此乃上天的意志;如果是犹太人或者基督徒,会说是此乃上帝的命令;如果是孟子,会说此乃不忍心去欺骗他人。而康德认为,说谎是不理性的。不理性,不是从后果着眼——经常骗人会被唾弃、会丧失信用之类,而是立足于形式来理解。因为,"骗人"如果有意义,一

---

① [德] 康德《实践理性批判》,李秋零译,中国人民大学出版社,2011年,第151页。

定要以有人相信为前提。如果人人说的话，都被他人所怀疑，那么"骗"也就不存在了。康德先假设：如果"骗人"可以成为一个道德规则，即任何人在任何情况下都可以说谎，那么当人一说话，在他人就会怀疑其真实性，这就意味着，任何人的话都不会被他人相信，也就骗不成了。所以，"骗"一旦成为规则，就会自相矛盾，自我取消。而"骗"的反面——"诚信"就没有这个问题。人人"诚信"，只会让这个社会更有"诚信"。

综上所述，无论是孟子还是康德，都以为道德发源于人的先天本性。这两种说法，使道德建立在人的自主性的基础上，使人性具有了光辉和崇高的色彩；但是历史唯物主义认为：一切事物都是在历史中形成，没有所谓先天的本性。人的本性同样是历史的产物。马克思说："每个个人和每一代所遇到的现实的东西：生产力、资金和社会交往形式的总和，是哲学家们想象为'实体'和'人的本质'的东西的现实基础。"[①] 所以，孟子和康德的道德理论，固然看到了道德依赖于人性的一面，但是他们的"先天"说缺乏历史的根据。

第三，所谓"情感欲望"，是说道德源于人的欲望。法国启蒙时代的百科学说派哲学家爱尔维修认为：人是有感觉的动物，人的本性就是趋乐避苦，就是自利、自爱，也就是追求个人的利益和幸福，这是一切道德的根源。简言之，在爱尔维修之类的哲学家看来，人人都有利己的欲望，而且人又是有理智的，所以，人会运用理智的判断和计算来满足自己的欲望，从中可

---

① ［德］马克思《德意志意识形态》（节选本），人民出版社，2003年，第37页。

以看出道德的本质。因为,道德之为道德,就是维护和实现人类利益的最合理的方式。这其实是一种功利的道德观。道德不会直接带来利益,但是道德会为人追求和实现个人的利益奠定良好的基础。举个例子:市场经济推崇合理的利己主义,我们看市场经济下的商家其实最在乎的就是信用;而信用,是由不断的诚信行为逐渐累积起来的。曾发生过这样的事:多年前武汉市有个女生网上购物,后来发现买的东西和商家描述不符,在和商家沟通的过程中发生摩擦,一怒之下给了商家差评。这商家多次要求删除,未果,有天给那女生寄了件包裹,那女生打开一看,发现是套寿衣。可见这商家已经气急败坏,所以出此下策来诅咒。该商家丧失理智的疯狂行为,正好表明他对差评极其在意,因为差评直接影响到他的信用等级,信用差了,顾客就少,他的利益受损。事业做得越大,就越能感受到诚信的重要性。他们之所以要求自己诚信,只有一个原因,就是为了自己的利益,满足自己的欲望。

这种道德观,看到了人的利益对道德的需要,但同时也把道德还原为维护和实现利益的方式,所以取消了道德的超功利性。

第四,所谓"动物本能",是说道德乃包括人在内一切高等动物的本能。确实,我们在一些高等动物中发现也有尊长、爱幼、互助、报恩等类似于人类的"道德"行为。所以,现在有学者从"社会生物学"的角度来研究人类道德的起源。从前,学者们强调道德是"人禽之分"的关节点,而"社会生物学"则认为道德是人禽所共有,只不过人类更为自觉、程度更高一点而已。这种道德观，把人的道德还原为动物的本能，没有意识到人类道德同动物的质的差异。所谓动物的道德，不过是从人的视角来看待的结果，充其量只是一种"类道德"的行为。正如马克思所说："人体解剖对于猴体解剖是一把钥匙。反过来说，低等动物身上表露的高等动物的征兆，只有在高等动物已被认识后才能理解。"所以，不能从高等动物的"类道德"行为来解释人类道德的起源，相反，动物的所谓"道德"行为只有立足于人类的立场才具有意义。

总之，关于道德的起源，有天意神启、先天人性、情感欲望以及动物本能等多个角度的观点，这些观点虽然有一定的合理性，但都比较片面，如离开社会实践和历史发展来思考道德的起源和基础；把道德看成是一成不变的情感要素或心理体验，把道德神秘化。

在人类思想史上，马克思主义道德理论第一次科学而全面地论述了道德的起源问题，为正确认识和理解道德的本质奠定了基础。

马克思主义是实践的唯物主义，生产劳动是实践最重要的表现形式；道德起源，不能脱离人的劳动来理解。劳动是道德起源的首要前提。

如何来说明这一点呢？

第一，道德产生的客观条件是社会关系。没有社会关系就没有道德，就像英国小说家丹尼尔·笛福的小说《鲁滨孙漂流记》，鲁滨孙漂流到一个荒无人烟的小岛上，整个小岛就他一个人，无论做什么都不产生道德问题；而一旦土人"星期五"出现，岛上有了两个人，道德就可能要出现了。马克思有言："人的本质，在现实性上，是一切社会关系的总和。"没有社会关系，也就没有真正的人，同样也就没有道德。而社会关系最初是在物质生产劳动中形成的。

第二，道德产生的主观条件是自我意识。马克思说："动物是和它的生命活动直接同一的，它没有自己和自己的生命活动之间的区别。它就是这种生命活动。人则把自己的生命活动本身变成自己的意志和意识的对象，他的生命活动是有意识的。"[①] 动物的行为出于自然本能的规定，而人则超越自然本能的规定，把自己的行为作为意识的对象，换言之，人的行为有高度的自觉性。道德，如果离开人的自觉意识，就不成为道德。如小孩子拾金不昧，这就不是严格意义上的道德行为，因为他还未完全意识到这个行为的性质、意义，他的拾金不昧只是出于父母、老师的教导，而不是出于他的自觉，所以，他的行为充其量只能说是"学习道德"，而不能说是"道德"。

人的自我意识，同样是在生产劳动中形成。马克思说："劳动过程结束时得到的结果，在这个过程开始时就已经在劳动者的表象中存在着，即已经观念地存在着。"马克思的意思是，人类的劳动有明确的目的性，所谓目的，就是结果在还未实现时就已经作为观念预先存在于劳动者的意识中。这就是自我意识的形成。

因之，无论是道德起源所依赖的客观条件——社会关系，

---

① [德] 马克思《1844年经济学哲学手稿》，人民出版社，2014年，第53页。

还是主观条件——自我意识,都是劳动的产物。脱离了劳动,脱离了实践,道德也就无从产生。

二、真伪

道德作为一种价值,也有真假问题。我们自当弘扬、表彰善,无疑,所弘扬和表彰的是真善而非伪善;要认清伪善,警惕伪善,拒绝伪善。

一说伪善,人们就会想到"满嘴仁义道德,一肚子男盗女娼",这确实是伪善者最好的写照。伪善,往往是言行矛盾、表里不一、说一套做一套、对别人一套对自己一套、人前一套人后一套、此时一套彼时又是一套,等等,这些做法最害道德。

道德的真伪最难判断,人们常说"知人知面不知心"、"人心隔肚皮",都是感叹真伪难辨,但又不得不辨,孔子说:"恶紫之夺朱也,恶郑声之乱雅乐也,恶利口之覆邦家者。"不把似是而非的东西认识清楚,分辨清楚,社会生活就会乱套。

唐朝诗人白居易有诗:"周公恐惧流言日,王莽谦恭未篡时。向使当初身便死,一生真伪复谁知。"忠诚的周公曾经被质疑过,篡汉的王莽当初以谦恭博得舆论的交口称颂。白居易以为道德的真假必须经过时间的检验,日久见人心。但时间真能把道德的真假检验出来吗?道德的真假会在时间进程中逐渐被澄清吗?恐怕未必。那么,究竟该如何尝试判断道德的真伪呢?

道德的真假可以从有心、无心的角度判断。

《聊斋志异·考城隍》提到一句话:"有心为善,虽善不赏;

无心为恶,虽恶不罚。"有心,是别有用心,即不是为行善而行善,是把行善作为达成另外目的的手段。如为图好名声而乐善好施,为笼络人心而施以援手。战国时孟尝君施放高利贷,为争取民心,他把借据全部烧光,赢得债务人的拥戴,这叫"市义",把道义当成了利益交换的筹码。这种类型的善,严格说来,并不具备道德价值,可以说是"伪善"。无心,是无意,无意中作了恶;换言之,恶不是出于行为人的主观意图,即使造成了恶果,也不罚——可以宽谅,这种类型的恶,可以说是"伪恶"。

"伪恶"的无心,细究起来,其实也有多种情况:其一,根本就是无心,即没有明确、自觉和清晰的动机。司机开车,突然身后有车插上,刹车不及,制造了车祸。其二,是不用心。随随便便惯了,说话做事不大用心,无意中可能一句话刺伤了旁人。其三,是违心。所作所为皆非本意,是不得已而为之。本不想害人,但有把柄被人捏住,为了自保,不得不听命去害人。刘邦在前线作战,放心不下为他看守根据地的萧何,萧何为避免猜忌,就利用职权贪赃枉法,搞得民怨沸腾,状都告到刘邦那里去了,刘邦这才满意。就萧何来讲,无疑是作恶,但他的这个恶是假的,是为了消弭刘邦的猜疑,是违心的,这是"伪恶"。《水浒传》写林冲欲上梁山入伙,受尽嫉贤妒能的王伦的刁难,最后要交"投名状",违心劫掠、杀戮无辜旅人,这也是"伪恶"。

再者,道德的真伪还可以从被迫和主动的角度判断。凡被迫而为的善,都难以叫真善。

某个地方发生自然灾害,有关部门号召表现善心,踊跃捐款。如果怜悯灾民,主动要捐,这当然是善之又善的举动,是真道德。如果相关部门,不管人们愿不愿意——反正善心都是必须出的,动用权力直接从人们的工资中扣除,尽管确实帮助了灾民,但这也不算上是真正的善行。所以,强迫是一切虚伪的根源。《庄子·马蹄》中有句话:"夫加之以衡扼,齐之以月题,而马知介倪、闉扼、鸷曼、诡衔、窃辔。故马之知而态至盗者,伯乐之罪也。"其意是:"等到加上了车衡颈扼,装上了额前配饰,马就懂得折毁车輗,抗击车盖,吐出口勒,啮断笼头。所以,马的机智而形成和人抗敌的动作,这是伯乐的罪过啊!"① 马性本来各不相同,而伯乐作为外在的权威强行介入,迫使马按他的要求来,于是激发起马的奸诈和虚伪。

此外,道德的真伪亦可从合不合乎人之常情的角度来判断。但凡不合人情的事,就有可能是在弄虚作假。

北宋文学家欧阳修写过一篇叫《纵囚论》的文章,讨论的是唐太宗假释死刑犯的史事。唐太宗是有道的仁君,曾经把关押在监狱的死囚释放回家,约定好时间再自行回监狱赴死,结果到期之日,三百多个死囚们如约而至,很讲信誉,唐太宗一高兴,全都赦免。此事在历史上传为美谈,证明了唐太宗的仁义深入人心,居然连死囚也被感动了。不过,欧阳修以为唐太宗沽名钓誉,有虚伪之嫌。为什么?就因为此举不近人情,太不符合常理了。言而有信,视死如归,是君子也难以做到的,

---

① 陈鼓应《庄子今注今译》,中华书局,2016年,第262页。

而被处以死刑者只要不是冤枉的，多半恶贯满盈，罪大恶极，在这个事件中，罪大恶极的死囚们一个个然诺守信，按时赴死，绝无私自潜逃者，君子都很难做到的事小人却轻而易举地完成，实在有悖情理，说不过去。所以，欧阳修认为唐太宗有意立异逆情，是在为自己建构光辉的个人形象。托名苏洵的《辨奸论》这篇文章，也很明确地提出"凡事之不近人情者，鲜不为大奸慝"。人情就是正常的情况，真正的道德一定使人正常，而不是使人反常。

三、功效

道德和利益的关系，在传统文化中有个大命题，叫"义利之辩"，就讨论的这个。利益是个内涵模糊的概念，狭义的利益，主要是以钱为核心的经济利益；广义的利益，则可囊括名声、生命、幸福等诸如此类人们最为关注和珍视的价值物。

首先，我们说道德高于利益。

《礼记》有言："临财勿苟得，临难勿苟免。"钱财和生命，从广义上说，都牵涉到人的利益。儒家的观点是：钱财摆在眼前，不要随随便便就拿，自个儿得先在心里好生掂量一下，看该不该拿。看到钱不假思索就下手，乃本能反应；寻思该不该，为义人的境界。所以孔子说："不义而富且贵，于我如浮云。"这是把道德看得比利益更高。

遇到生命危险，下意识的反应是逃命，这是人人皆有的自保本能。儒家的观点是：此时也要有所考虑，不要随随便便就逃，而应判断该不该逃。因为，有的难可逃，不逃是对自己的生命不负责，如地震突然爆发，赶紧躲到安全地带；但有的难是不能一逃了之的，如地震突然爆发，作为老师正带着一班的未成年学生上课，看到情形不对，撂下学生，自个儿逃命再说。先不说这种行为会遭到舆论的谴责，就是对自己也无法交代。因为，从这生死之际的表现来看，是把自己应对危难的方式降低到本能的水平，如果事后不找理由来搪塞、掩饰，如果不自宽直至自欺，那么无论如何是无法令他自己心安的。

钱该不该得、难该不该免，进一步追究，这个"该"该如何判断？一个是从后果着眼。人是有理性的，不管考虑是不是足够长远，足够周全，总之皆会有所虑。如果考虑到财是糖衣炮弹，难的后面是个陷阱，苟得、苟免，虽利于目前，而大不利于将来，为免后患，所以忍住，不得也不免。这个意义上的"该"，不过是用理性来延迟本能的反应，并未从根本上超越本能。还有一个，是从本身着眼，不问后果。钱财该不该得，是问钱财本身正不正当而不问得到有什么后果；危难该不该避免，是问逃难本身正不正当，而不问幸免有什么后果。辛苦工作，业绩提升，本不期待奖励，意外获得奖金，这是劳动所得，本身正当，无所谓苟得；走在路上，遇到歹徒行凶，赶紧转移、躲避，这是急智，本身正当，无所谓苟免。

在价值上坚持义高于利，实际上是坚持人的德性高于本能，是坚持把人看作高于自然的存在；唯其如此，才能使人超越庸常的自保、自利，从而崇高起来；否则，人充其量只是比其余动物更机敏、聪明而已。

再者，一定意义上我们还可以说道德也是利益。

《大学》有言："仁者以财发身，不仁者以身发财。未有上好仁而下不好义者也，未有好义其事不终者也，未有府库财非其财者也。孟献子曰：'畜马乘不察于鸡豚，伐冰之家不畜牛羊，百乘之家不畜聚敛之臣。与其有聚敛之臣，宁有盗臣。'此谓国不以利为利，以义为利也。"这句话主要是就国家来立论的。国家不必追求实际的经济利益，而应该追求统治的正义，因为统治的正义就是国家最大的利益。对国家来说，最重大的利益恐怕是统治的安全，而安全不是财力所能维持的。安全系数的大小与财富的多寡不构成对应关系，换言之，国富不一定等于国安。李自成进入北京城，从皇宫大内里发现数千万两之多的银子，这财力够雄厚的了，但并未能挽救明王朝的统治危机。国家不能生财，财富搜自民间。国家对民间财富的汲取如果超过一定限度，民间就可能不堪重负，危机于是乎产生。反过来，国家不把施政的重心放在财富的汲取、占有和挥霍上，而是建构合理的法治环境，保护民间财富的自由创造，以及公平分配、使用资源，损有余以补不足，不用刻意维护安全，不必费心防范和削弱民间力量，而安全自然实现，国家的利益由此获得满足。

换个角度，以义为利，义就等于利，对个人也是成立的。德国社会学家马克斯·韦伯《新教伦理与资本主义精神》一书，引用了富兰克林大量的言论来说明所谓"资本主义精神"："切记，时间就是金钱。假如一个人凭自己的劳动一天能挣 10 先令，那么，如果他这天外出游荡或闲坐半天，即使只花了 6 便士用于消遣或坐食,也不能认为这就是他的全部花费;他其实花掉了,或者说是白扔了另外 5 先令。切记,信用就是金钱。如果有人觉得应该把钱存在我手里,那么,他就是把利息给了我,或者说,是把我在这段时间利用这笔钱获得的利息给了我。假如一个人信用良好,能够得到大笔贷款,并且善于利用这笔钱,那么他得来的数额就会相当可观。"① 惜时以勤奋工作,信用,都是德行,而富兰克林认为同时也是金钱。

在一定意义上,我们还可说道德除了就是利益,同时也能够创造、带来利益。市场经济是自由经济,也是道德经济,市场经济对市场中人的道德水平也有相应的要求。社会的整体道德水准越高,市场经济越是繁荣和发达;反之,社会的整体道德水准越低,充斥于社会的就是欺诈成风,伪劣产品大行其道,经济必然出问题。市场经济对诚信尤其有要求,因为诚信能够降低经济交易的成本,有利于财富的增加。就个人而言,一定程度上可谓"信用即财富",但凡经营有成的,莫不重视个人的信用,财富积累的基础是由信用来奠定的。试想一下,如果一个人的信用出现问题,失信记录在案,就极有可能寸步难行。

---

① [德] 马克斯·韦伯《新教伦理与资本主义精神》,阎克文译,上海人民出版社,2018 年,第 217 页。

第七讲 社会转型和道德

这些年道德问题备受社会的关注。古语说："仓廪实而知礼节，衣食足而知荣辱。"经过数十年经济的快速增长，中国已成为世界第二大经济体，相当一部分人告别了贫困，享受着从前难以想见的富裕生活；但是，道德的提升似乎没有与经济的增长同步，相反，我们还发现有每下愈况之势。譬如关系到民生日用的一些行业、领域不约而同地出现了突破道德底线的现象，人和人之间的互信度也堪忧。有人说，这是"道德危机"，是"道德滑坡"。不容否认，这种说法是有根据的；同样不容否认的是，这种"道德危机"和"道德滑坡"，未尝不是社会转型时期道德自身的变化还未完成的一种表现①。

一、社会的转型

最近三四十年以来，随着对外与世界主流的接轨、对内市场经济体制的确立以及城市化进程的加快，中国社会以历史上

---

① 见阎云翔文章《社会陷入"道德危机"？真相没那么简单》，本文参考其相关论述，该文网址：http://culture.ifeng.com/c/7m5TjmpohJ4。

所从未有过的力度转型，它的今天与昨天已相去甚远，说日新月异亦不为过。如果要总结这一转型的特征，我们可用以下三点来概括。

其一，社会从以熟人关系为主转向以陌生人关系为主。

传统社会，基本上是个以熟人为主导的社会。所谓熟，主要指的是人们之间的交往深受血缘、地缘等先定因素的影响，以至于彼此之间自然而然就大有"关系"，而非漠不相关者。以血缘来说，亲戚的亲戚还是亲戚，一表三千里，血缘的延伸性编织成一张无穷无尽的网络，把人笼罩于其中作为网络的节点，在血浓于水的观念的作用下，使得节点和节点彼此相关，无所摆脱。更有甚者，由于血缘关系在社会中的主导地位，使陌生人的关系建构也以血缘为参照系，结成一种类血缘的关系。所以，我们有很多干亲，有异姓兄弟，我们把一个来自五湖四海的组织内部的良好氛围，形容为"好得像一家人"。就连"国"，最后也要落到"家"上，所以，我们把政治共同体叫作"国家"。我们习惯于从"家"的角度去审视和判断社会，即使有性质上的不同，我们也认为是"大家"和"小家"、"公家"和"私家"的区别。在以熟人关系为主导的社会中，彼此皆为熟人，同在屋檐下，抬头不见低头见，知根知底，所以我们会不看僧面看佛面，怕难为情，凡事不为已甚。

蒋梦麟《西潮》一书，回忆19世纪末其浙江家乡的社会风气，说："一般而论，大家都忠实可靠，欺诈的人必然受亲戚朋友一致的唾弃。"揭示了典型的熟人社会中人际关系的特点。人们的淳朴、诚信，与其说来自于天性，不如说是来自于"熟人"

们无形的"监督",因此不敢过于放肆。

1949年中华人民共和国成立后,进行了大规模的社会主义改造,社会面貌大不同于既往,可是中国社会的"熟人"性并未从根本上得到改变,甚至还有所强化。改革开放之前,中国社会被各种各样的"单位"所分割,个人是通过进入单位、依托单位、附属于单位而实现自己的社会化,拥有身份及地位。单位,就有其伦理意义,诚如易中天所言:"单位不仅是饭碗,是面子,是人情,而且还可以是'父母',是'家庭',甚至是'摇篮',是'襁褓'。"[1]

不过,近几十年来的社会变迁是日渐向以生人为主导的方向发展。社会有了越来越大的自主性,人的流动愈发频繁,往往打破血缘、地缘等前定因素的限制,更多地按照利益、兴趣等后天因素来自由结合。以邻里关系为例,过去人们认为"远亲不如近邻",邻里关系好像自带一种天然的情感,彼此守望相助,互帮互扶。今天城市里的小区,即使住上好多年,邻居间互不认识的情况也不罕见。"串门"在以前可能是联络情感的最好方式,而在今天很难再受欢迎,甚至还有可能被认为是介入他人的私密空间。民营企业的兴起和发达,国有单位的改革和用人机制的转变,令"单位"也逐渐褪去其伦理色彩,而越来越理性化。

其二,社会从群体取向转向个体取向。

在传统社会中,人首先是为他的家族而活着。他存在的价

---

[1] 易中天《闲话中国人》,上海文艺出版社,2018年,第174页。

值就在能光宗耀祖,与此相应的,人最不堪的行为就是对不起列祖列宗,辱及先人。祖宗、先人,是一个人安身和立命、荣耀和价值的基础。所以,对一个人最大的羞辱,不是针对其个人,而是针对其祖先。鲁迅曾考据过国骂——"他妈的"——的来龙去脉,痛感"人们不能蔑弃扫荡人我的余泽和旧荫,而硬要去做别人的祖宗,无论如何,总是卑劣的事"①,这也正好说明:荫庇于家族的个人,还不够骂,唯有家族,骂起来才解气;家族大于个人。

中华人民共和国成立后,"国"取代"族"成为最大、最重要的集体,对集体的认同被放在最优先的位置上。集体主义被明确上升成一种意识形态、一种精神。发扬集体主义精神,是对人的基本道德要求。集体既然成为本位,个人就应从检讨自我的内心入手来自觉增进集体感,如"从灵魂深处闹革命"、"狠斗私字一闪念"等,通过不断的反省和自律,促使自身减弱对"自我"的考虑而增强对"集体"的关切。人们还用"大河"和"小河"的关系来比拟集体和个人的关系,像"大河没水小河干",就强调的是集体先于个人。在通常情况下,一个人如果在工作中做出成绩,一般会强调:这是领导的高屋建瓴在先,同事的通力协助在后,至于他个人并没发挥多少作用。这并非是故作谦逊,而是文化使然;在群体至上的文化环境中,成熟的人绝不会昏聩、狂妄到把个人置于集体之上。

改革开放以来,中国社会的个体化趋势就很明显了。所谓

---

① 鲁迅《坟》,人民文学出版社,1995年,第228页。

个体化，就其方向而言，即个体成为权利与义务、责任与利益等的主体。不过，对从群体中逐渐独立出来的个体而言，最初的明证就表现在关注个人的需要，正视个人的欲望，争取个人的幸福，保护个人的生命，并且认为这是正当、合理的。2003年有个网名叫木子美的女性在网络上公布其私人情感经历，引起当时舆论的热议。其人倒是很坦然，对迥异于传统的做法并无多少顾忌，理由就是身体归其所有，怎么支配是自己的事。2008年有个后来被称为"范跑跑"的中学教师，在汶川大地震时，放弃正上课的全班学生，独自逃生，尽管备受舆论的谴责，这位教师仍然坚持他不准备为除了他女儿之外的任何人牺牲自我。就人生理想来说，诸如"为人类的解放而奋斗"等此类宏大、高远的志向，比较少见了，而更愿意追求带有强烈个人色彩的兴趣、生活方式，还有"成功"等。2015年，一个河南女教师潇洒地以"世界这么大，我想去看看"的声音辞职，响彻整个网络世界，她说出了许多人的心声。

其三，社会从人情的逻辑转向市场的逻辑。

在人际关系的建构上，传统社会认同"化生为熟"，拉近距离，把关系私人化。儒家伦理在中国传统社会中占据主流地位。儒家认为社会关系主要有五种，即君臣、父子、兄弟、夫妻、朋友。这五种关系，父子、兄弟、夫妻、朋友基本上是私人关系，君臣关系虽属于公共关系，但也以私人关系为参考标准。君相当于父，所以有"君父"的说法；臣相当于子，所以有"臣子"的说法。在这种伦理系统的主导下，人际关系的建构，是把陌生人尽量向熟人的方向发展。

这种做法，一则可使人际关系因"熟"而"亲"，相处温暖、贴心、愉悦，满足了中国人世俗生活中对情感价值的需要；二则因"熟"而"活"，具有强大的实用性，今天更将此视为所谓"人脉资源"。如果拥有丰厚的熟人关系，彼此联络，便可实现优势互补，资源共享，到处有交情在，貌似森严、僵硬的规章制度则成了一纸具文，关节皆可打通；再狭小的缝隙也可有巨大的活动余地，办事自然方便起来。小说《西游记》里，孙悟空有句颇耐人寻味的话："人情大似圣旨"——人情的力量比王法都还要大，很好地点出传统社会中人情至上的特点。

在市场化的现代社会中，相对而言，倾向于把人情、关系放在一边，更讲求非私人化的、带有普遍性的规则，规则认同要大于人情认同。费孝通在《乡土中国》中曾举过事例：他观察到有农民宁愿跑很远的路，费很大的劲儿到镇上的集市去卖农产品，也不愿省心省力就在其家附近卖。何以故？因为附近都是熟人，大家抬头不见低头见，不好意思讲价钱，也就是不好意思把"熟人"当成陌生的"顾客"。集市上则不然，人们来来往往的，相互不认识，便于讨价还价，用不着迁就熟人熟事的关系，只要彼此觉得公平即可。费先生举出的事例，很好地说明了人情与市场机制方枘圆凿。随着市场经济走向纵深，市场里内涵的运作逻辑也向社会其余领域扩展。市场是天生的平等派，在它眼里，所有"人"都一个样，不再有亲疏、远近、贵贱、高低之分。

二、转型社会中的价值调整

我们的社会逐渐从熟人关系转到以生人关系为主导,从群体取向转到以个体取向为主导,从人情逻辑转到以市场逻辑为主导,价值观念不会固步不化,也处于不断调整中。

其一,以生人关系为主导的社会,势必推崇平等这个价值。这里所说的平等,即无差别。

在以熟人为主导的社会中,最基本的待人方式是"内外有别"。根据关系的亲疏远近,把人大体分成内、外两类。内,是自己人;外,是陌生人。人不同,对待的标准也不同。对外人,原则上不用承担什么责任,所谓"休管他人瓦上霜";而对自己人,则关照有加,什么都好说。所以,传统社会中盛行"一人得道,鸡犬升天",盛行裙带关系等。当然,对自己人什么都好说,同时也有可能是什么都不好说,因为既然是自己人,也就不需要避忌什么了。现代著名的社会活动家梁漱溟曾回忆他与山东军阀韩复榘的交往:韩复榘自入伍起一直追随冯玉祥,备受冯玉祥的器重,冯玉祥将韩复榘视作自己人;在一次军事会议上,韩复榘公开反对冯玉祥的军事部署,冯玉祥向来以家长自居,治军严厉,当场发怒,令韩复榘跪在会场外的墙根下,散会后余怒未消,还打了一记耳光,才说"起来吧"。韩复榘受不了如此羞辱,便率部脱离了冯玉祥。这件事非常有意思,在冯玉祥看来,韩复榘受他提携,又是亲信,当众罚跪,打耳光,确实是难看了点,可这是把韩复榘还当成自己人的表现,就像兄长责罚不懂事的弟弟一样,出发点是教训他,否则处罚就不是打耳光这么简单了。可见,无论是对外人还是对自己人,尽管所持的标准不一,态度有异,但实际上都缺乏对人的必要的尊重。

在现代社会,"内外有别"的价值原则已渐远去,逐步过渡到对人的无差别的状态。当然,现在我们社会中还存在有一定程度的"欺生"的现象:有的旅游城市的出租车行业经营不合规,利用外地游客人生地不熟、信息不对称,有意欺客、宰客。还有的对本地人是一个价,对外地人、外国人又是一个价,搞双重标准等。我们对此深恶痛绝,而城市的管理者也没有不下力气来整治这类乱象的,这其实还是对"无差别"原则的认定。

无差别,即用同一种标准对待人,不管他是自己人还是外人,是熟人还是生人。标准既同,显而易见,主张的是人人平等。不过,必须指出,人人平等并非泛泛而论,它自有其具体内容——每个人都必须被同等地尊重。我们现在越来越认识到,尊重和善待陌生人,不但是明智的,更是文明的。

其二,以个体取向为主导的社会,势必推崇自主这个价值。所谓自主,就表现在个体对其自由意志有高度的自觉,而把自我当成思维和行动的独立的主体,在自我之上、自我之后再无更高、更先的力量。

但在传统社会中,并没有足够的空间来容纳和支持个人的自由意志。如我们所熟知的,在法律上,是青天大老爷为草民做主;在婚姻上,是父母为子女做主。个人甚至都不具备对自己身体的主导权,儒家经典《孝经》说:"身体发肤,受之父母,不敢毁伤,孝之始也。"在这种理论下,人爱护自己的身体,不是基于自重,而是出于孝顺。就连个人的隐私,也最好主动向他人敞开。明清儒士惯用日记来修身,记录当天的思想动态、心理活动,督促自己弃恶向善,不断接近动机纯粹、心地安然的道德境界。这个日记并非只对自己开放,并不视为不可对人言的内心私密,很多时候在同道间相互传阅,把外人引入一己之隐私世界,尽管这种做法是为了磨炼、提升个人的道德意识,但无疑是把隐私看作须用外力来严厉监督的不纯的东西,须付诸公众,袒露出来,如此才"诚",而不是作为构成自我的独立性的一个核心因素。

现在我们个体的自由活动空间不断扩大,无论是婚姻、就业还是生活,个体应该成为选择的主体,至少在观念上已被越来越多的人承认。

拿婚姻来说,近四十年来中国人在这方面的观念发生巨变,以前把婚姻大多理解为"过家",是到了一定年龄阶段必尽的义务,"凑合"就行;而在今天可能更多地建基于情感、价值还有生活方式的合拍之上,如果分歧很大,坚持独身的也不在少数。以前把离婚看成是件很羞耻的事,婚姻的稳定与社会空气的相对保守有关,近些年中国人的离婚率逐年上升,婚姻好像不稳定了,但要看到,这也是人的自主性增强的必然结果,人们对非心仪的婚姻,敢于放弃,而不愿像父辈们那样将就。

再如,像"我的生活我做主"之类的题目,就拍过同名的影视剧,出过同名的书。这反映出在个体取向的社会转型中,反对被干预，要求自主权，乃日渐滋长的社会需要。与此相应的，是社会对"巨婴"的反感。所谓"巨婴"，特指那些心智不成熟、惯用类似于婴儿般哭闹撒泼的方式来解决问题的成年人。此类人，在公共领域，无视社会规则，罔顾他人权益，任性妄为。社会对这种现象的持续关注和深入讨论，与其说是批判"巨婴"们长不大，倒不如说是期待"巨婴"的绝迹，期待其能理性起来，换言之，期待人的独立与自主。

还有，人们对个人隐私逐渐重视起来，保护隐私，警惕被滥用，防止被外部力量不合理地介入，这在新一代中已形成自觉意识了。对隐私的在意和保护，意味着人们认识到隐私应为个人不能被外界干预的内在世界，隐私的存在确证了人的独立性和自主性。

其三，以市场逻辑为主导的社会，势必推崇公平这个价值。

市场经济非但是一种经济模式，其背后有一系列环环相扣的价值前提。否则，市场经济无法真正建立起来，从而总处于"萌芽"状态，停滞不前。市场经济是交换的经济，而交换要想发生，交换之双方必须是独立的个体，且以所换之物乃各自所有，同时是等价交换。一言蔽之，市场经济需要人格独立、承认产权以及交易公平。也就是说，公平实际上是依托于"人格"以及"私有"这两大要因。没有这两者，公平的原则确立不起来。没有公平，也就没有市场经济。恩格斯在《家庭、私有制和国家的起源》中论述古希腊、古罗马步入文明社会，就是由于社会生产中分工和交换的发展，特别是私有制的成熟，导致原来的社会形态解体以及国家的出现。而对于东方亚细亚社会，马克思认为解开其秘密的关键点在于不存在发达、成熟的私有制。

中国传统社会当然承认私有，但对私有的认识没有成熟到神圣不受侵犯的程度。这不仅是有强大的王权高高在上，对私有财产予取予夺，更在于一般大众在观念上也没有把私有财产视作个体人格、自由意志的物质基础，甚至把执着于财产的私有看成是通向更高精神境界的现实障碍。因为，所谓"私有"就是明确"我的是我的，你的是你的"，一旦执着于此，那么"我的"和"你的"就无法上升成"我们的"。所以，能够超越私有，不局限于"我的是我的，你的是你的"，而以"我的可以是你的，你的可以是我的"的"通财"的方式来处理彼此关系，意味着一种更高尚的人生境界。清代小说《儒林外史》里写过一个叫权勿用的伪高人，此人常把一句话挂在嘴上——"我和你至亲相爱，分甚么彼此！你的就是我的，我的就是你的。"尽管作者吴敬梓对权勿用这个人物充满着讽刺的笔调，但权勿用的这句话颇为典型，揭示了传统社会中一个不言而喻的共识：唯有在财物上打破私有的界限，才能够表现出彼此"至亲相爱"的情分，才能达到道德的胜境。

而我们现在越来越习惯"分彼此"了。例如，日常生活中朋友聚餐，实行 AA 制，这个从前被认为是"不近人情"的模式如今也逐渐被广泛接受。这个模式，看似待人"生分"，可尊重了彼此的尊严——不使人无端欠下人情债；保护了彼此的情感——没人占便宜；更重要的是公平——每个人都出了他该出的。

三、价值调整下的道德变迁

社会转型造成观念的重新调整，像平等、自主和公平之类的价值取向，就为大众所普遍接受和认同。价值观的调整，也促使道德的变化。

其一，道德由私人领域向公共领域扩展。这就是说，现代社会比从前更加重视公德了。

"公德"这个概念，最开始由梁启超从日本引入国内，并视为造成中国积贫积弱局面的国民性上的原因。梁启超说："中国所以不振，由于国民公德缺乏，智慧不开。"① 而在今天，我们把公德定义成公共领域内的道德规范。

现代社会，公共领域和私人领域的明确区分是一大标志。两个领域究竟该如何区分，当然可以有许多争议，也会随着时代的变化而随之调整②，但必须区分并无疑义。也就是说，区分是肯定的，至于怎么区分，具体情况具体分析。公共空间最大的特点是它的开放性。前两年，杭州图书馆的一个举措感动了中国。馆方在开放时间内，接纳所有群体，来者不拒。有一些衣衫褴褛、浑身肮脏的城市流浪者、拾荒者也进图书馆休息、上网，有嫌弃这类人的，认为其形象与图书馆不符，也不以阅

---

① 转引自陈弱水《公共意识和中国文化》，新星出版社，2006年，第5页。
② 如美国学者肯尼斯·米诺格《政治学》就举例说："同性恋和宗教信仰过去曾受到公共领域的规限，现在则基本上属于私人领域；然而婚内强奸和残害幼年子女却越来越多地受到法律的干预。"辽宁教育出版社，1998年，第5页。

读为进馆目的，但馆方一视同仁，绝无歧视，任其进出，其理由是无权拒绝。馆方的做法，很好地坚持了现代社会中公共场所公有、共享的开放性。

公共场所既然是开放的，为人所共同拥有和使用，自必有其秩序，有其利益，也必然要求维护公共秩序，尊重公共利益。这两点就构成了现代社会公德的基本内容。我们从这些年的社会变迁中明显感受到，人们对公德的需要和重视渐成共识。这并不是说社会的公德水准已经很高，而是说，人们对曾经熟视无睹、习以为常的有悖公德的现象，已不再置若罔闻，安之若素，而针对具体现象，形成舆论，引起大众关注和探讨，促成共识，以资改善。像依照红绿灯的指示过马路，是人人皆知且应遵守的交通规则，但集体闯红灯过马路的情形在中国各地极为常见，具有普遍性，所以出现了"中国式过马路"的概念，用来指称此类集体违反交规、不守公德的现象。"中国式"这一提法，正好说明了站在客观立场上的大众对此类现象的反感和批评。还有大妈们跳广场舞，制造噪音骚扰他人，社会舆论对广场舞扰民的调侃和抨击就一直不断。诚然，社会公德水准的普遍提升，不是一朝一夕的事，但随着公共领域的复杂化和扩大化，公共空间的失序对所有人是不利的，这一点反过来也会促成大众公德意识的觉醒。

而且，人们对公德的认识也更加深入。现在多把公德区分为消极的和积极的。消极的公德，即不违反社会规则，不损害公共利益，这是防范性的，主要是自觉避免自己的行为有可能给他人、环境带来负面效应；积极的公德，即主动维护社会规则,努力增进公共利益,这是进取性的,主要是通过个人的作为给他人、给环境带来正面效应。不管哪一类,均体现出公德的精神核心,即尊重与己没有关系的陌生人。无疑,当社会变得崇尚平等的时候,对他人的普遍尊重就是应有之义了。

其二,道德由圣人标准向常人标准下移。也就是说,人们越来越重视道德的下限而不是上限。于是,"道德底线"这个概念就被大众所接受。

中国传统文化,有鲜明的人本特征,"做人"就是个大问题,也是门大学问。冯友兰说:"在道德方面,及理智方面均完全底人,即是圣人。照着圣人的标准'做'者,即是'做人'。"[①] 向圣贤看齐,希圣希贤,以道德的上限来要求,是传统社会中受过良好教育者的自我期许。像晚清名臣也是大儒的曾国藩,说过"不为圣贤,便为禽兽",这句话完全排斥"圣贤"和"禽兽"两者之间的类型,就是个典型。之所以如此,是因为贤人君子作为精英,作为社会的治理者,承担着教化民众的使命,理应以身作则,发挥模范带头作用。《论语》说:"君子之德,风也。小人之德,草也。草上之风必偃。"贤人君子若是道德高尚,便有风行草偃的效力,进而带动整个社会道德的好转。这种对准上限的道德要求,其逻辑是基于君子与小人、圣人与常人的德性等级上的差异。

前面说过,社会转型的价值调整方向,就是追求平等和自主。平等意识增强所带来的道德变化,就是不再认为道德要求

---

① 冯友兰《新世训》,北京大学出版社,2014年,第37页。

对人是一样的；自主性增强所带来的道德变化，就是排斥道德上的被动影响。如果道德要求对人应一个样且排斥道德上的被动影响，那就不可能在道德上限的水平上达成共识，因为用最高标准的道德要求所有人，力所不能逮者自会巧饰，这就造成伪君子的层出及假道德的盛行。所以，只能在道德的下限水平上达成共识。所谓道德的下限，就是现在常说的道德底线。

例如，要求人在任何时候都必须说真话，这近似于圣人的道德，难以普遍做到。但如果允许人，在不便说真话的时候能够保持沉默，能够不说话，至少使人避免了说谎，避免滑落到不道德的地步；换言之，人至少恪守住了道德的底线。而守住底线，是人人皆能行的，也是应该行的，虽然说不上有多么高尚，但绝对自止于堕落。所以，底线道德对准的是道德的下限，乃常人的道德。要求人一定要见义勇为，与坏人坏事作斗争，即使牺牲生命也在所不惜，有点勉为其难，而要求人不必一定挺身而出，但至少不能助纣为虐、为虎作伥，则是可行的。要求人一定要伸张正义、打抱不平，这是高标准，但要求人一定不要昧着良心告密、揭发，这是必须做到的，否则就有违道德底线了。

总之，基于平等和自主的价值观，现代社会为道德设置了人人应行及可行的底线，这是一种以常人为规范对象的最低标准的道德。

其三，道德由超越世俗向公平合理转变。

中国传统文化中的道德陈义较高，有时候甚至是超越世俗的。如孟子主张"舍生取义"。诚然，这是孟子的假拟，有意把道义和生命放在尖锐的、不兼容的情境中，以此强调道义高于生命，并非看轻生命的价值。但道德唯有摆脱、超越世俗的考虑，才有崇高性，这是无疑的。这种道德，有伟岸的姿态。老子主张"以德报怨"、"取而不予"，是要人效法大道，无所不容，以宽宏的气量承受一切，不必斤斤计较于恩怨相报的凡俗、琐细的公平。这种道德，有博大的气象。无论哪一种，都是令道德拉开与世俗的距离。

但在现代社会，市场的因素在人们的社会交往占据着中心的位置。社会的种种意识形态与市场这个因素息息相关，道德也不例外。市场经济的内在要求是交易公平。只有坚守公平，才能降低交易的成本，增加效益。换言之，公平是经济交易有效展开的前提。同时，公平也奠定了现代市场经济社会的道德基础，为区分道德与不道德提供了明确可行的标准。公平不一定就是道德的，但不公平绝对是不道德的。

我们可用现代社会流行的体育比赛为例来说明。

多年前我们总是把"发扬风格"和"比赛"混为一谈，以为"发扬风格"才是高尚的体育道德，如果只盯着比赛的输赢，心眼就小，境界就低。这点抽象来看，当然是不错的，不过在实际中按照这个思路来比赛，很多情况下"风格"不但"发扬"不出来，而且很容易弄得输赢双方都很不愉快，究其原因，就在于缺乏对比赛规则的理解和尊重，缺乏对公平的认知维度。因为，唯有公平比赛，在尊重规则的前提下，才谈得上发扬体育风格。如两队踢球，甲方球员受伤倒地，裁判并未吹哨暂时中止比赛，乙方占有人数上优势，可以趁此机会展开进攻，这是合理利用规则，谈不上高尚，只不过很明智。但如果乙方自己主动放弃进攻，等待甲方球员恢复正常，这就是"发扬风格"。所以，竞争领域也有道德，绝不是输赢至上。只不过，竞争道德的成立离不开公平这条底线。在公平竞争的前提下，可以利用规则所赋予的优势却主动放弃，这就体现出对比赛、对竞争者的尊重，体现出真正的风格，也就是道德。

第八讲
职业和职业道德

对于职业，有各种各样的定义。如果从我们在第一讲中所提到的个人与社会之关系这个角度来看，所谓职业，就是个体以其所长能为社会所用并获取相应回报的工作。人是通过进入某项特定的职业，成为"职业人"，来参与社会分工，完成自己的社会化，成为"社会人"。任何职业，都有它的道德要求；这些道德要求，对职业起着稳定器的作用，并维持着社会的良性运转，如法国社会学家涂尔干所言："职业伦理越发达，它们的作用越先进，职业群体自身的组织就越稳定、越合理。"[①] 对从业者个体来说，必要的职业道德素养，也是获取职业成功的必不可少的因素。

一、职业的意义

有不同的职业认识，就有不同的职业态度。我们经常讲有的人不职业，就是指他们的态度随意、草率、任性和散漫。对

---

① ［法］涂尔干《职业伦理与公民道德》，渠敬东译，商务印书馆，2015年，第8、9页。

职业的意义有全面、完整的认识,才有"职业化"。

职业,第一个意义是保障人格独立。人作为独立的人,首先是经济的独立。职业为人提供合法、稳定的经济收入,是人安身立命的根本。没有经济的独立,就没有人格的独立。尽管古代的孟子说:"有恒产者有恒心,无恒产而有恒心者,惟士为能。"古代也有士人身无半亩心忧天下。但这只是极少数精英的自我期许,不足以成为常态,更不能鼓励人都采取这种做法。经济不独立,未免造成人身的依附。战国时有许多游士,奔走于高官贵戚的门下,接受奢侈的供养,衣食无忧,但他们也付出了代价——士为知己者死。把这个道德信条换成通俗的语言,就是"人为养己者效力"。既受人供养,当然免不了把自己交出去,听从号令。1920年代,挪威戏剧家易卜生的《玩偶之家》在中国引起知识阶层的广泛讨论,鲁迅就此发表演讲:"自由固不是钱所能买到的,但能够为钱而卖掉。人类有一个大缺点,就是常常要饥饿。为补救这缺点起见,为准备不做傀儡起见,在目下的社会里,经济权就见得最要紧了。"[①] 不但是女性的独立——不再做傀儡,普罗大众莫非如此,先都要从经济权着手。美国前国务卿希拉里在她的自传《我的抉择时刻》里讲述了她的家庭对她性格的影响。她父亲尽管事业有成,做得有声有色,家境丰厚,但平时绝不给孩子们零花钱,童年的希拉里只好在夏天采集蒲公英以换取微薄的酬劳,稍长就给邻居带小孩、在商店做销售员以赚取零花钱。这种教育方式直接塑造了希拉里

[①] 鲁迅《坟》,人民文学出版社,1995年,第166页。

的独立意识以及能力。

但职业的意义不止于保障人格的独立性，更进一层，还是个人价值实现的主要路径，甚至在现代社会中是唯一的路径。历史学家钱穆论《左传》，奇怪这部记载春秋二百多年历史的史书中居然没有孔门弟子颜回其人。因为颜回箪食瓢饮、在陋巷不改其乐的风范世所少有，足堪表率，证明了人即使没有世俗意义上的功与德，也有不容抹杀的价值。但这也怪不得史家的遗漏，颜回的确并无可以传述的事迹，他英年早逝，来不及投身于某种职业，或者说根本无意投身于某项具体职业，以做出彰明可见的成绩。现代社会，个人的价值和职业的结合更加紧密，几不可分。脱离了职业，个人的价值无所附丽，悬浮无根。学者著书立说，医生救死扶伤，商人做大企业，教师培育人才，演员塑造角色，运动员力争冠军，环保主义者积极奔走、以微薄之力保护环境，等等，无不是在职业活动中把个人的品性和价值体现出来。即便平平无奇的职业，也掩盖不了从业者的真正价值的光辉。五六十年前北京百货大楼营业员张秉贵是个令全国侧目的奇人，他有"一抓准"、"一口清"的绝活，顾客所买商品，一把就能抓准分量，一口就能说出价格，丝毫不差。他去世后，北京百货大楼在大门广场处为他树半身铜像，以作纪念。而人的价值感如果不足，就会觉得活得没有"人味儿"，以此之故，或者认命将就，或者蝇营狗苟，或者随波逐流，或者转移期待、把培育下一代当成其全部价值之所在。正是在这个意义上，职业不仅仅是赚钱养家的手段，而且还是安身立命的根本。还有些人，非但把生命的价值，更把生命本身寄托于职业中。只要他的职业生涯还在继续,依然精力饱满,身体康健,干劲很足,思路灵活,而一旦从职业中退出来,无事可做,不久就老境颓唐,衰相顿显。

人除了属于自己,同时也是类的存在物。在满足个人需要之余,人对同类的责任就浮现出来。号称东晋第一风流宰相的谢安,起初自在悠游,不出东山,时人对谢安寄予厚望,当时流传着一句话"安石不出,其如苍生何",但有人看准谢安最终必将出山,不会对国事袖手旁观,其理由是"谢安既与人同乐,必能与人同忧",即谢安既然享受了他的阶层所带给他的利益,必然会尽力维护这个阶层整体的安危。明智的人对这个道理了然于心。同样,现代人既然享受人类不断创造、发明所带来的种种福利,自然"必能与人同忧"——思考和解决人类共同的祸忧。职业的更高意义,便在于能为其同类有所贡献。所以,很多人在事业有成后,选择把精力、时间和财富用在推动人类社会进步的事业中,将此视作更有价值的职业。比尔·盖茨从微软公司的经营事业中抽身出来,全力以赴投入慈善事业,捐出绝大部分的身家,创立了世界上最大的私人慈善基金,其宗旨是改善人类医疗健康条件,减少全球贫困。比尔·盖茨解释了他的动机,他认为这是拥有巨额财富的人对人类的基本责任,应该把来自于社会的财富返还给社会,取之于社会,用之于社会。1835年,十七岁的马克思撰写了《青年的选择》一文,谈青年的职业选择,其中说道:"在选择职业时,我们应该遵循的主要指针是人类的幸福和我们自身的完美。不应认为,这两种利益是敌对的,互相冲突的,一种利益必须消灭另一种的;人类的天性本来就是这样的：人们只有为同时代人的完美、为他们的幸福而工作，才能使自己也达到完美。"马克思的意思是，职业的最高境界，就是为人类和为自我的统一，唯经前者才能通达、实现后者。

职业保障个人的独立以及实现人的价值，推动社会进步，这还是立足于职业自身的功效。如果从非功利角度讲，职业还可以成为确证人自身能力的一种精神享受。现代社会，人在从业过程中的具体感受和他的职业日渐分离，用马克思的话来讲，"那么人本身的活动对人来说就成为一种异己的、同他对立的力量，这种力量压迫着人，而不是人驾驭这种力量"①，人的自主性和创造性受限于职业，职业又是社会分工的产物，所以，社会作为强大的、与人对立的力量制约着人。唯有扬弃这一状态，才能使职业重新成为对人的肯定。要使职业重新变得肯定人，就必须把"剥脱"的成就感、价值感和自由感返还给人，也就是说，人应该从职业中获得精神性的东西，把职业变成类似于游戏的、自由自在的、能使从业者获得高度满足的精神享受。就这个意义来讲，职业就是人生的全部，已经和人自己的生命完全融为一体。

二、职业尊严

任何职业，皆有特定的道德要求。没有这些道德规范作为

---

① ［德］马克思《德意志意识形态》（节选本），人民出版社，2003年，第29页。

内在约束，职业难以维持，奢谈成功。往极端说，就算盗窃等不法职业，也自有其道德。《庄子》中说"盗亦有道"："夫妄意室中之藏，圣也；入先，勇也；出后，义也；知可否，智也；分均，仁也。五者不备而能成大盗者，天下未之有也。"下手之前，预先估测财富所在之处，是圣；率先入室，是勇；得手后断后，是义；知道可不可以下手，是智；分赃公平，是仁。具备这圣、勇、义、智、仁五种德行，才能成为成功的大盗，也才能使盗窃等不法行为具备可延续性。否则，仅仅是分赃不均，就可能使团队散伙、反目。就算是设赌等不德的职业，也依赖于道德，譬如诚信和公道，庄家不使诈、出千，赌客赢钱照赔不误，否则赌场失去了信用，就没有赌客再敢上门了。

职业的成功依赖于一定的道德水准，但人们往往较少关注职业的尊严，有时候甚至把职业的尊严和体面混为一谈。

体面的职业大致是光鲜好看，说起来好听，并受追捧和羡慕。诚然，有的职业与社会资源分配的枢纽距离较近，近水楼台先得月，相对而言，容易获得更多的利益，所以显得体面。但体面和尊严有异。体面是职业性质所带来的，而尊严则来于从业者自身。职业体面，从业者不一定享有职业的尊严。如演艺这个职业，在今天的社会颇为年轻人所向往，它时尚、新潮，受大众追捧，总处在社会焦点位置；一定程度上这个职业最易打破阶层的阻隔，只要机缘到了，无论出身、学历，一夜爆红后，名声和财富便滚滚而来。不过，关于演艺从业者，尤其是那些顶级的明星们，从中获得的收益与社会其余职业相比，完全不具备可比性，而这个职业对社会的整体贡献又无法清晰地论证，特别是在贡献甚大而待遇一般的科研人员的衬托下，不公分外明显。所以产生愤愤不平的声音，用"戏子"这样带有侮辱性的旧时代的称呼来表达对演艺从业者的不敬。再如记者这个职业，号称"无冕之王"，以"铁肩"和"妙手"来承担道义，报道真相，如美国报业家普利策所言：如果把一个国家比作在大海上航行的船，新闻记者就是船头的瞭望者。他要在一望无际的海面上观察一切，审视海上的不测风云和浅滩暗礁，及时预警。记者这个职业对于社会的重要性自不必待言了；但如果这个职业的从业者缺乏自主性，完全服务于某种立场或者利益，那么职业的尊严也就消失了。还有就是从业者因他的不德表现而玷污了他所从事的职业。如专家本是受人敬重的，他们在各自领域内造诣精深，知识通达，他们的专业意见值得人们重视，但如果罔顾职业操守，充任特定利益集团的代言人和马前卒，利用知识的不对等欺蒙大众，这就是"砖家"，足令"专家"这个群体本应具公信力、备受社会大众敬重的群体蒙羞。

　　有的职业可能不那么体面，甚至会被一般人轻贱，但从业者珍重，表现出极高的道德素养，也能引发人们的尊重。德国哲学家康德说："一个人能够是人喜爱、畏惧或景仰的对象。他的性格诙谐，他的勇敢和强壮，他的位高权重，都能引起我这同样的感觉，但我内心始终缺乏对他的敬重。丰特奈尔曾说，我对贵人鞠躬，但我心灵并不鞠躬。我可以补充说，对于一个我亲见其品节端正而使我自觉不如的素微平民，我的心灵鞠躬，不论我愿意与否，也不论我如何眼高于顶，使他不忽视我的优越性地位。"敬重,是心灵的鞠躬;敬重的触发,与人的职业性质无关,只与从业者的职业表现有关。人可以使平凡的职业伟大,可以使渺小的职业崇高。

三、职业能力与道德

单纯讲职业的成功,人们更多地把目光放在职业能力上,较少关注职业道德,成功明显依赖于职业能力,道德似乎只是个摆设。因之,相对于德性而言,功利主义者更认同才性,尤其是在讲究实用的领域。三国时曹操曾多次面向全国发布求贤令,公开宣言有道德的人未必能力卓异,有能力的人未必品行高尚,而宁愿暂时忽略道德而选拔确有能力者。当然,曹操所指的能力有其特定的指向,主要是治国平天下的谋略和本事。曹操的观点在历史上是很有名的,他很明确地认为德与才难以兼容。这个观念自有其合理之处,尤其是从经验、从实际出发来观察人物,确实如此。但我们如果仔细来深究,就会发现道德和能力并不相悖。

能力的发挥以必要的德性为前提。从宽泛的意义来讲,德性涵盖平静、节制、勇气、沉稳、大度、果决等。一个人能力的有效运用,除了受制于客观条件外,还与自身的德性息息相关。苏轼评论西汉的天才政论家贾谊,说"非才之难,所以自用者实难。惜乎,贾生以王者之佐,而不能自用其才也"。苏轼叹惜贾谊身具王佐之才却无法尽其用。贾谊不得其用的缘由,在苏轼看来,也不能全怪守旧派的攻击和排挤,贾谊自己要担负更大的责任,他为人量小,不够坚忍,经不起暂时的挫败,所以,最终自己把自己给耽搁了。棋手林海峰以二十三岁之年进入日本名人战的决战,大赛之前他患得患失,心性不定,他的老师吴清源并未从棋术上予以特别的点拨,只是赠以"平常心"三字,要林海峰放下得失,以平静的心态对待棋赛。"平常心"的体会和领域赋予林海峰以足够的定力摆脱输赢的纠缠,而能更好发挥棋技。放到任何一个职业中,差不多也都是这种情况,德性不够,能力受限。德性好比公路,能力好比汽车,路如果狭窄、不平,车即便性能一流,也跑不起来。

进一步说,能力和德性在很多时候相互交融,难以区分,德性已经深深地内化于能力的行使、运用中,能力与德性高度重合。就好像食材与佐料经过厨师的妙手烹饪,味道已然合一。譬如创新,今天我们社会各界都已认识到创新能力的不足影响到中国社会的进一步发展,因之寻思创新能力在现行教育体制下如何被汩没以及创新能力究竟该如何被激活和培养等;创新非但是一种能力,同时也是一种德性,因为创新意味着挑战和打破既有的规范、条件、惯例或者观点、理论等,而如果没有足够的勇气,"挑战"是难以发出的;如果怕出头,怕出错,顾虑重重,"打破"是难以进行的。所以,与其在创新能力的培养上花心思,倒不如考虑如何令年轻人释放出勇气,敢以无所畏惧的姿态奋然尝试,能力在勇气的激发下便会逐渐变得成熟、稳定;反过来也一样,能力的有效发挥也会使勇气有了基底和凭借,不再是盲目的和冲动的。耐心,无疑也是为许多职业所必需的德性,尤其是在创业中。有人说成功是"熬"出来的,一个"熬"字就点明了创业并非倚马可待、一蹴而就的事,需要坚守和执着,需要在时间中的淬炼和打磨——这是更为关键的能力。

最后,我们还可以说,能力唯与德性结合起来,把能力用于道德的方向上,以实现更大的、更广泛的善,才更有价值,更可贵。当然,孤立地来看,脱离道德的才能,也有它的不容抹杀的价值。西晋文人潘岳丰采超群,富于文学才华,是当时首屈一指的文学家,可他趋炎附势,谄媚权贵。元好问写诗说:"心画心声总失真,文章宁复见为人!高情千古《闲居赋》,争信安仁拜路尘。"元好问觉得文章有失真的地方,不能完全反映出作者的为人,很难相信望尘而拜的潘岳居然写得出高雅有情致的《闲居赋》。尽管元好问鄙薄潘岳其人,可还是禁不住流露对潘岳文学才华的欣赏。某些道德品质可能恶劣的人但在某些方面有过人的才华,也能引起人们的垂爱。足球场上有许多带着"坏小子"、"恶人"标签的运动员,他们不守规矩,行为粗鲁,脾气暴躁,桀骜不驯,身上有诸多不合职业道德之处,但天赋惊人,当他们在场上表演、带来精彩的比赛时,也会让观众暂时忽略其品行而嗟赏其球技。不过,人们对偏离道德的才能,更多的是一种惋惜。惋惜的背后,其实是一种期待,期待能把才能和道德结合起来,把天赋用在"正道"上,带来道德的后果。与道德匹配的才能,才能加璀璨夺目。试想,一个天才的科学家,穷其毕生精力做研究,以造福于人类,无疑会赢得人们发自内心的敬仰。

所以,职业道德与职业能力不能简单分开,好像德、才如鱼肉和熊掌一样难以兼得。实际上，职业能力的发挥必须以职业道德为前提，很多时候职业道德就是为职业成功所必需的能力本身，而且职业能力只有与职业道德结合起来，其发挥和行使才更有价值。

四、现代社会与职业道德

现代社会分工繁密，各种各样的职业层出不穷地涌现，"正业"的范围亦随之扩大，像电子游戏等，以往被认为是不务正道，今天也成了许多青年趋之若鹜的正当职业。无论何种职业，只要是"正业"，都会对从业者提出道德要求。当然，不同职业对道德的关注点不一样。例如，医生这个职业，要求从业者富于同情心；教师这个职业，要求从业者宽和、仁爱和耐心；商人这个职业，要求从业者诚信；学者这个职业，要求从业者客观、严谨、求实。不同职业的道德倾向尽管存有差异，不过也带有共性。在我们看来，敬业、诚信和公道，应该是现代社会最基本的职业道德规范。

像敬业，用过去的话来说，就是干一行，爱一行。任何职业，首先要求从业者必须有恭敬的态度，这个态度表现为"爱"。不过，这种"爱"，不是基于兴趣的、冲动的情绪，而是理智的爱。冲动的爱，多会随着兴奋点的转移而转移，难以持续；理智的爱，才能使从业者深入、扎根。作为职业道德的理智之爱，有时候是以与兴趣对立、冲突的方式表现出来。对工作不满意，不喜欢，但又不得不做时，一般人多会选择敷衍和应付、将就、厮混过去就算了，不把本职工作当作一回事；职业的态度是，先把个人喜好搁在一边，对于必须要做的事，全力以赴，不计其余。对岗位的"爱"，对职业的"敬"，于是乎就表现出来了。

中国传统伦理道德好讲"敬"。《论语》中有言"执事敬"，这是孔子对学生樊迟问"仁"的回答，敬业，对待事情严肃、认真、专一，到任何地方都不背弃，到任何地方也就行得通，站得稳。这就是说，"敬"是无条件的，任何情况下"执事"都不能松懈、怠慢。冯友兰先生对此也有解释："人于做某事时，提起全副精神，专一做某事。此是孔子所谓'执事敬'……敬可以说是一个人的'精神总动员'。由此方面说，敬对于人的做事的效率及成功，与现在普通所谓奋斗，努力等，有同样底功用。"① 宋代的理学家对"敬"又有发展，非但"执事敬"，亦要"居敬"，就是在无事时亦要提起精神，有着做事的心理准备。

我们从职业道德的角度论"敬"，除了要人对职业有份敬意，还要求人"耐得烦"且"做到位"。缺乏敬的精神，遇到不尽如人意的事，遇到牵涉复杂的事，难免厌苦，视为畏途。一旦如此，就不耐烦了，自然能躲则躲，可以避就避。这不是职业的态度，也不是生活的态度。过去文人之所以屡屡遭做实事的人的轻视，就是他们身上大多缺乏唯经实际事务沉潜、历练而来的"耐烦"，因之浮躁轻率，难任艰巨。所以，耐得了烦，是处事的前提。明代理学家耿定向有《耐烦说》，说"是惟耐

---

① 冯友兰《新世训》，北京大学出版社，2014年，第195、196页。

烦，始能积诚以相感也"①。晚清名臣曾国藩也用这个道理来告诫其弟曾国荃："昔耿恭简公谓居官以耐烦为第一要义，带勇亦然。"带兵打仗也不能逞一时之痛快，也要耐得住烦。

今天我们在全社会弘扬工匠精神，我们认为这一精神直接关系到中国工业制造水平的真正提升。工匠精神，简单来说，一是安于工匠类型的职业，热爱这个工作，不认为它价值不大；二是能在这个岗位上，能够"耐得烦"和"做到位"。"耐得烦"，是忍受工作的烦琐和机械；"做到位"，是精益求精，日甚一日，在这个狭小的方向中不断深入开掘，向卓越和伟大而挺进。所以，工匠精神实际上就是敬业。

再如诚信，也是每个职业所必需的道德。诚和信，细究起来可以分开。

诚，北宋理学家程颐说："无妄之谓诚，不欺其次矣。"无妄，是没有虚妄，不欺是没有虚假。过去做买卖的，特别要强调"童叟无欺"，这是经商上的诚；做医生的，要以诚对待病人，不能利用医学知识的不对等以及病人急于求治的心态来欺蒙病人以获取利益。网上有个段子描摹江湖骗子医生的惯常伎俩，一共就三句话："你的病情很严重，但有得治，不过费用比较高。"会计也要诚，起码不能做假账，有一次朱镕基总理视察上海立信会计学院后，题词"不做假账"，这是说对于会计这个职业来讲，"诚"是第一位的。现在是数据的时代，数据上附着了很多利益，像影视剧的收视率、票房，网络文章的阅读量、

---

① 陈宏谋《五种遗规》，线装书局，2015年，第343页。

点击量以及国家 GDP 与经济增长率等，都由数据来说话，数据的发言权最大；玩转数据，如挥舞魔法棒，将引导和调动社会资源的流向。数据造假，做起来很轻易，但后果极严重。在数据的统计、使用上也要求着诚，不得造假。所以《中庸》说："不诚无物。"不诚，就做不成事。

"诚"关联着"信"，由此有"诚信"一说。传统社会中，"信"是对人的基本道德要求，过去有"仁义礼智信"五常德一说。常，是经久不变的意思。包括信在内的五种基本道德，是任何时候都不能背弃的，否则失其为人。孔子就说过："人而无信，不知其可也。"还打过比方：就好像车前的横木没有活键、关扣行驶不起来，人要是不守信用，在社会上寸步难行。"信"，作为人应具备的基本德性，首先是对统治者、对政府的要求。《论语·颜渊》中子贡向孔子询问为政之道，孔子回答：足食，足兵以及民信。即食物充足免除饥饿，兵力强盛保障安全，用现代的语言来讲，政府要充分满足民众的生存权和生命权；这两者固然重要，但孔子认为，更重要的一个乃"信"——"民无信不立"。政府要有信用，一旦失去了公信力，也就失去了权威。而在现代社会，对信的要求泛化了，内嵌于一般的职业行为、活动中。现代社会在经济领域多半施行的是以市场为主导的模式，市场经济就是一种信用经济，市场的参与各方信用越好，则市场的运行成本越低，相应效率越高。从利害的角度来讲，守信对人有利，失信有损人的利益。尤其是在现代化的资讯传播条件下，一个人、一个企业，甚至一个行业的失信被公之于众，他的坍塌是即时的。前些年三聚氰胺奶粉事件爆发，国产奶粉信誉顿时崩溃，普遍受到国人的质疑，整个行业受到波及，元气大伤。

至于公道，简言之，是秉承公心，待人无差别。作为教师，对学生一视同仁，不因成绩好的照顾有加，将成绩不好的打入另类；作为商家，平等对待顾客，不因有钱或者要买就热情，因没钱或者不想买就冷淡；作为政府办事人员，照章办事，不因是熟人就大开方便之门，是素不相识的平头老百姓就有意怠慢，爱理不理；作为掌握权力、制定政策的官员，不存先入之见，不把企业所有制性质、规模实力等因素当成资源分配的考虑前提。至于俗话所说的，对事不对人，一碗水端平，来的都是客等；文雅一点的，如"天无私覆，地无私载"，《尚书》中的"无偏无党，王道荡荡；无党无偏，王道平平"，《老子》中的"善者吾善之，不善者吾亦善之"等，都叫作公道。

公道，体现的是对人的尊重。有时候，把某些人作为特殊的一类单独列出来，反而是对其人的不尊重。如现代社会一般会考虑优先照顾残疾人士，这是社会的善意和文明。如果处处把残疾人和普通人并列、对立起来，即使给予了过多的关注和倾斜，无形中似乎刻意突出、强调其人的残疾，这在一定程度上触碰了他的自尊，反而显得不尊重人。所以，在某些情境中有意忽视人的特殊性，从一般性的角度来看待，"泯然如众人"，更能尊重人。一个教练，在训练中罔顾运动员的具体差异，用同一个标准不打折扣地要求所有人，看似不近人情，不体恤人，实际上往往造就了运动员的坚强、刻苦和自律的性格，这是对运动员真正的尊重。公道和人情，在一定情况下是对立的，难以两全，如古人说："公道人情两是非，人情公道最难为；若依公道人情失，顺了人情公道亏。"而在一定情况下则是统一的，如上面所举的教练的例子，公道本身便意味着人情。

总之，敬、诚和公，是现代社会最基本的职业道德意识，无论何种职业，都需要这三个因素的内在支撑。敬，是要人安于其业；诚，是要人倾其所有；公，是要人一视同仁。假如人们既能安于其业，又能倾其所有，还能做到一视同仁，不但发挥和实现各种职业的功用，而且从整体上促进了社会分工的合理化，进而保障了社会的高效运转。所以，职业道德是社会稳定的基础。

五、职业道德的养成

职业道德的养成，不必等到进入职场之后，在大学中就可进行。尽管大学不是职业培训机构，也不可能变成职业培训机构，但并不妨碍大学生职业道德的培养。

有学者曾经说：我们的大学，特别是顶尖大学，如果还担心学生的就业问题，那意味着我们教育的失败。言外之意，大学不必过于重视就业；因为只要尽好大学的本分，以教育为本，学生们能得到高质量的学术、知识和能力训练，成为够格的人才，就业其实就是水到渠成的事。这个观点很有道理，如果学生们皆学有所成，就业就不是个难事；而就业成为难事，抛开社会经济因素，单就学生自身而言，很可能是训练不够，学无所成，能力不足，就业自然堪忧。

需要补充的是，我们的大学无论是强化知识和能力的训练，还是重视就业、创业技巧的培训，都相对忽略了职业道德的熏陶和塑造。以此之故，学生们即使顺利就业，还是存在着从学生到职业人的角色过渡和转换的问题。如果说就业，更多地与专业、学历以及知识能力相关，那么从学生到职业人的角色过渡和转换，则主要取决于其人职业心智的成熟度，取决于职业意识的自觉性。总之，与其职业道德息息相关。

职业道德的重要性自不待言，但职业道德的培养不是个知识领域的问题。尽管我们的大学会提请学生加强对职业道德的认识和重视，但在实践中不自觉地就南辕北辙。

职业道德联系于职业。职业的意义，如前所述，最起码是令人自食其力，独立自足。如果没有这种独立的意识，真正的职业道德是建立不起来的。所以，大学中对学生职业道德的培养，其前提就是促成学生人格的独立。而促成学生人格的独立，就是尽可能尊重和维护学生在自己学习、生活等各方面的自由。

自由，这个概念有多如牛毛的观点，在此处，其实比较简单，它是很具体的，很现实的，可以用四个字来概括——"自作自受"。自作，就是自己选择，自己作为；自受，就是自己承担，自己负责。自己的选择自己承担，自己的作为后果自负。那么，其人就是自由的，无疑也是独立的。一个自由独立的人，自然而然会坚持自食其力并以此为荣，会以积极主动的态度择业、就业、从业。而我们如果出于各种理由，对学生不放心，不放手，拴得紧紧的，学生的自主性受到抑制，独立不起来，自然而然会等、靠、要，职业精神不自觉，养成成熟的职业心智及良好的职业道德就是一句空话。简言之，人不自由，则无道德；没有独立人格，就没有真正的职业道德。培养学生的职业道德，首先是尊重其独立，保障其自由。

第九讲 徒法不足以自行
——法治思维简析

法治已经是现代社会的基本治理原则，非局限于政治、法律领域，业已弥散于各类社会组织中。从个人的角度来讲，增强法治的意识和修养极有必要，因为作为社会治理原则的法治，对人和人的关系有其规定和要求。唯有深刻理解和掌握这些规定和要求，化为个人的修养，变成一种立身行事的思维方式，才能更好地做个现代社会的公民。孟子说："徒法不足以自行。"孟子揭示了他那个时代的"法治"的不足，我们在此不细究孟子时代的"法治"和我们今天的"法治"的根本区别，只是借助孟子的这句话，指出仅仅有法律，即便很完备、详尽，也不能使全社会自然而然地就趋向于"法治"，接受"法治"。"法治"的实现绝不能脱离它治下的人。由此说来，法治思维在大多数人意识中的确立和养成，乃"法治"实现的必要前提。

在我们看来，法治思维，约略而言，包含着对四个因素的确认和遵循，分别是法律至上、权利为本、程序公正以及契约精神。

下面我们就此分别论述。

一、法律至上

法治,首先要求法律至上。何谓法律至上?就是法律乃裁决人的行为的最高权威、规则和力量;一切个人、一切组织都要在法律的框架内活动,接受法律的约束,没有凌驾于法律之上的特权。

法治,是现代社会文明的标识,是人类共同选择和认可的价值。法律至上尤其是宪法至上的观念,作为法治的应有之义,为所有的法治国家所承认和遵行。我国现行宪法在序言中就开宗明义地强调:"全国各族人民、一切国家机关和武装力量、各政党和各社会团体、各企业事业组织,都必须以宪法为根本的活动准则,并且负有维护宪法尊严、保证宪法实施的职责。"法律之所以应具有至上性,乃因法律是非人格化的共同意志的体现。因其非人格化,所以才具有涵盖、超越特殊情境的普遍性,普遍的东西才得以使人遵从;因其非人格化,所以才具有持续性,可代代相袭,不至于人亡而治息。因个人的魅力等因素凝聚起来的治理,会导致其人故去而使治理无法传承和延续。这个在历史上是很常见的。

对于社会大众来说,把法律至上提升为一种立足于现代社会的思维方式,转化为个人的一种立身修养,就是树立对待法律的绝对主义的态度。绝对主义的态度,是说无条件地尊重法律,而不是有条件地尊重法律;是不分情况地遵守法律,而不是分情况地遵守法律。

这种对待法律的绝对主义的态度,放在中国传统文化的语境中，很容易遭至如下三个挑战，而不容易建立起来。

第一个挑战是道德，很多人根据文化传统，更愿意相信道德至上。

许多研究者都已指出，传统中国社会的一个极突出的特点，是"以道德代法制"①，有着泛道德主义的倾向。传统中国社会基本上把法律视为刑罚、震慑的手段，法律是用来预防和打击犯罪的工具，特别是动乱年代，这一点更突出。治乱世须用重典，严刑峻罚，杀一儆百，用以震慑宵小，维持秩序，保障和谐，最是得力。也正因为对法律的认识基本停留在高压工具的层次，从长远看，它就不如柔性的道德来得更彻底。因为，作为高压工具的法律，只能禁止已发生的罪恶，而不能纯化人的动机，即不能从源头遏制罪恶。《论语》有言："道之以政，齐之以刑，民免而无耻；道之以德，齐之以礼，有耻且格。"相对于刑政，道德作用于人的内心，效力更持久、深入。古人还有言："礼禁未然之前，法施已然之后。"法律是对已发生的罪行的惩罚和纠正，而道德是使罪行不至于发生。所以，道德在传统社会被广泛认为是消除犯罪的关键。国家的施政方针是推行教化，树立楷模，端正风气，导人向善。

本着如上的认识，于是就塑造出了一种"道德至上"的思维传统：人们往往立足于道德来评论善恶，而不是通过完善法律来衡量对错。如此一来，在实际生活中，人们很容易把处事的"动机"而非"合法性"置于首要位置。顺着这种思维倾向，

---

① 如历史学家黄仁宇就持这个观点。

就会发展到"只要动机正确,不问过程如何"。

但服膺法治的人,会把合不合法看成第一位,而不问做事的动机善不善。古罗马文明对人类世界最重要的贡献之一,就是法治。法治的理念浸入罗马人的骨髓里。公元前44年,凯撒权势日张,担忧凯撒坐大可能独裁从而破坏罗马共和体制的一批元老组织力量,暗杀了凯撒。政治家西塞罗建议召开元老院会议,进行善后。而身为大法官的暗杀集团的主要成员布鲁图,却拒绝了西塞罗的建议。召开元老院会议明显对布鲁图一派有利,但不合法。因为按照罗马的法律,唯有两名执政官都无法召集元老会议时,大法官方可行使该项权力。凯撒虽死,另一名执政官尚在外地,布鲁图思忖再三,决定不违法律,这令他自陷困境,最终自杀。这种做法,在主张结果导向者看来,简直是"蠢猪式"的,不可理喻,因为只要秉承公心为国家,没有个人的私欲,事急从权,就是可行的;但布鲁图居然不作此念,情愿用法律来捆绑自己的手脚,由此可见以布鲁图为代表的罗马人对"合法性"的尊重和认同[①]。

第二个挑战是人情,很多人根据生活经验,更愿意相信人情至上。

人情这个东西,在中国社会特别发达。人情的内涵丰富,就此处所论,人情主要指的是私人之间的情谊。法治下的法律,本是把人与人的关系置于公共的层面,平等对待。但推崇人情的中国社会,更认同私人关系的效力。明代吕坤的《呻吟语》

---

① 易中天《两汉两罗马》,浙江文艺出版社,2014年,第86页。

中说:"王法上承天道,下顺人情。"① 此处的人情指的是在漫长历史过程中业已形成、相当稳定的人之常情,包括人性好恶、风俗习惯、世相百态等,而我们所说的作为私人联系的人情,无疑也属于这个范畴。"王法"、法律不是去矫正、去制约、去规范这个人情,而是顺应,或者说是迁就。小说《西游记》中,孙悟空曾说过的"人情大似圣旨"这句话,就更加明显了。"圣旨"隐喻的是国家法律,而在孙悟空之类谙熟世故的人看来,私人关系比法律的力量都要大,比法律的地位都要高,有人好办事,社会运作的底层逻辑其实是人情而非法律。

从法治思维的角度来看,法律至上就是要排除人情的干扰,把人情放到它应有的位置,于是就有了点"不近人情","不近人情"就是认同"规则至上"。法律仅是社会规则体系中的一个方面,信奉法治者,秉承法律至上的信念,必然在广义的社会生活中认同和执行规则第一,对于已被普遍承认、相沿成俗的社会通行规则,即使有明显的漏洞可钻也不钻,不把聪明用在钻规则的漏洞上。再言之,认同规则至上,就是相信规则比人大,尽管知道规则是"死"的,人是"活"的,也不用灵活性来压倒原则性,不用权变代替无条件遵守,也就是说,不把规则的遵守与否以及遵守的程度看成是有待确定的选项,而看成是毋庸置疑的事实。对规则的挑战还有世俗人情、关系等非理性因素的干扰,认同规则第一,就是要超越人情而不纠结于人情,捋清关系而不沉陷于关系。

---

① 吕坤《呻吟语》,上海古籍出版社,2000年,第269页。

第三个挑战是金钱。有很多人根据现实力量,更愿意相信金钱至上。

金钱在社会生活中的作用,不言而喻,人尽皆知。西晋有个叫鲁褒的人,写过一篇《钱神论》,其中说到:"钱能转祸为福,因败为成,危者得安,死者得生。性命长短,相禄贵贱,皆在乎钱,天何与焉?"天道的报应,过于玄虚,而金钱的威力,比较现实。所以,自鲁褒之类的人看来:决定人之成败、安危、死生的因素,与其说是看不见摸不着的天意,毋宁说是实实在在的金钱。后来还流行着许多俗语,如"衙门八字开,有理无钱莫进来"、"火到猪头烂,钱到公事办"等,都形容的是现实生活中金钱左右法律的情形。我们有许多人迷信金钱的力量,据此认为所谓法律的公正是虚伪的,认为法律终究是为有钱人服务。或者换句话说,有钱人有巨大的能量来购买优质的法律服务,从而有逃避法律制约的空间。我们讲法律至上,就是要破除对金钱的迷信。

总之,道德、人情和金钱分别从文化传统、生活经验和现实力量等多个方面诱导人偏离对法律的绝对主义的态度,并促使人形成法律相对化、工具化的认识。所以,我们讲"徒法不足以自行",如果不树立、普及法律至上的信念,法律可能摆脱不了一纸具文的命运。

二、权利为本

法治与权利联系紧密,没有权利,就没有严格意义上的法治。法治的要义，就在于尊重和保障人的权利。

权利的观念，在中国传统社会中鲜有提及，而在西方社会中源远流长。尤其是启蒙时代后，这个观念更是发扬光大，逐渐形成了权利天赋的思想。18世纪，美国、法国的《独立宣言》、《人权宣言》等彪炳史册的文献，都直截了当地承认人的生命、自由、财产等权利为人所共有，乃不言而喻，是不证自明的。经过数百年的传播和践行，早已凝聚成全人类的价值共识；或许在权利的具体细节上有不同的看法——例如，在不同社会条件下哪些权利更具有优先性等，但对于权利本身，再不可能会有争议。

确实，如历来的许多论者所言，所谓天赋权利，其实并没有历史的依据，仅仅是近代启蒙者、思想家们的当然之见。像生命权、财产所有权等被认为不言而喻的权利，都是在历史中逐渐实现、发展出来的，由小部分人向人类全体扩散，且经历过漫长、艰险的斗争，绝非与生俱来，唾手可得。如德国哲学家黑格尔所言："人的自由由于基督教的传播开始开花，并在人类诚然是一小部分之间成为普遍原则以来，迄今已有1 500年。但是所有权的自由在这里和那里被承认为原则，可以说还是昨天的事。这是世界史中的一个例子。"[①] 权利的天赋，尽管没有历史事实的支撑，但其意义在于，把人的自由、幸福等价值作为毋庸置疑的事理来探寻和建构理想社会。换言之，人的权利是自明之理，是不可辩驳的信念，是社会存在的前提。

---

① ［德］黑格尔《法哲学原理》，商务印书馆，2007年，第70页。

天赋的权利，可以理解成权利的一种可能性，唯有通过法律，经由法治的保障，才具备了现实性。法国思想家卢梭认为社会契约所要解决的根本问题是："要寻找出一种结合的形式，使它能以全部共同的力量来卫护和保障每个结合者的人身和财富，并且由于这一结合而使每一个与全体相联系的个人又只不过是在服从自己本人，并且仍然像以往一样地自由。"① 法治，就是这种人类结合的形式，尽管对人的行为有规范和限定，但未改变权利作为人的自由本性的实质。

必须要说的是，法治意义上的权利为本，并不是忽略和排除义务，而是针对权力本位而言②。

为了保障人的权利，必须把权力关进笼子里，即限制和规范权力的运作，防止权力的任性和滥用。诚然，人是社会的动物，人必须结合成群才能生存；群，作为共同体，当然就产生了支配个体的权力。但权力如果得不到合理的、必要的制约，将反噬个体，奴役个体，并使权力的掌握者迷失、癫狂。权力的这一性质古往今来的智者都看得清楚，如众所周知的英国阿克顿勋爵的名言："权力导致腐败。绝对的权力导致绝对的腐败。"再如法国思想家孟德斯鸠所云："一切有权力的人都容易滥用权力，这是万古不易的一条经验。"③ 所以，权力是把双刃剑，一方面，人类社会不能缺少权力的协调；另一方面，权力如果不受控制，其危害性是有目共睹的。

---

① ［法］卢梭《社会契约论》，商务印书馆，2001年，第23页。
② 谢晖《法哲学讲演录》，广西师范大学出版社，2007年，第253—257页。
③ ［法］孟德斯鸠《论法的精神》，张雁深译，商务印书馆，1993年，第154页。

从历史来看，人类从未放弃探索控制权力的有效方法。就是中国传统社会，从秦始皇建立皇权一直到辛亥革命结束帝制这两千年间，尽管整体上可谓专制，但历朝历代也不是没有约束皇权的具体措施——或者乞灵于玄虚的天意，或者依靠祖宗家法，或者诉诸皇帝本人的正心诚意，或者利用官僚系统的相对制衡等，效果都不是特别显著，最终皇权日益横暴，高高在上，在明清时更达到登峰造极的地步；权力的肆虐，是权利的萎缩。从历史的经验出发，人们才认识到，控制权力，把它关进笼子里，必须走法治的道路，用法律来规范权力的运作。约束权力，就是伸张权利，把权力置于保障个人权利的基础上。譬如说，当个人合法权利受到外在威胁而无法以自治的方式来解决，国家就启动权力来保障权利。如诉讼，"就是一种典型的经过公民的请求而导致国家权力启动的方式"。[①]

　　权利为本的法治思维，付诸日常生活中，就是习惯从权利的角度来处理、调适人际关系。譬如教育这块，中国社会向来注重教育，中国的父母为了子女的前途和成长，可谓殚精竭虑，呕心沥血，付出多大的代价也在所不惜。有个比较普遍的悖论现象：中国的父母的好心好意并未得到子女们应有的认同，站在子女的角度，常有"妖魔化"其父母的事。究其缘由，很大程度上是中国的父母们有爱却无尊重，有强制而无自由，有意无意地滥用作为家长的权力而忽略子女的权利，像以"都是为你好"、"今后就会明白"之类的借口，漠视子女学习生活中的

---

① 谢晖《法哲学讲录》，第185页。

自主性，罔顾其人格尊严，干涉其隐私等。权利得不到尊重的结果，是关系紧张，彼此压抑。

如果法治思维在社会大众中入心生根，就可使社会互动中人与人之间的边界清晰明了，相处简单起来。中国传统社会看重人与人之间的情谊，推崇亲密无间的氛围，好处是生活环境温暖，坏处是人与人的边界不清，稍有不慎，就会越位，惹得彼此不快。如果立足于权利的视角，以尊重各自权利为本位，边界自明，冲突和摩擦自然就少了。

三、程序公正

法律的灵魂是追求和维护公正。不公正的法律，就是恶法。

法律上的公正有两类：一个是实体的公正，一个是程序的公正。实体的公正，即结果的公正，这已是众所周知，毋庸赘述。在实体的公正之外，另有程序的公正。所谓程序的公正，是说司法裁决的过程也应该符合人们对公正的期待，过程也应该是公正的。西谚有云：正义不仅要实现，而且要以看得见的方式来实现。实现正义的"看得见的方式"，就是我们所要说的程序公正。之所以说程序公正是"看得见"的正义，是因为司法裁决的整个过程的公正性为相关者认同、接受、信服。

过程甚至比结果更加重要。没有过程的公正，就没有结果的公正；或者说，如果过程不公正，即使结果是公正的，仍不足以服人。就好比体育比赛，两个对手强弱分明，结果可以一望即知，而如果裁判及规则偏向强者，判罚不公，尽管按实力强队本就该赢的,在这种情况下,赢的胜之不武,输的满心不服。又好比人事安排,如果不经由公认的正当程序来推选,主事者暗箱操作,独断专行,即使推出的人各方面条件均够格胜任,但也不具备合法性。所以,程序公正是实体公正的前提和保障。

再者,程序公正是法治和人治区别开来的重要标识之一。人治,其特点是任意性、不确定性。可能朝令夕改,可能反复无常,可能因人而异,可能此一时彼一时,可能具体情况具体对待,等等。法治就不一样,公正的程序是法治的生命、灵魂。程序首先约束的是公共权力的任性妄为。

还有一点,公正的法律程序是个人自由、权益的可靠保护。没有程序的保护,个人的权利会被漠视,个人的尊严会被践踏,个人的生死、财产甚至会被草率处理。中国作家萧乾曾以记者的身份参与了二战后的纽伦堡审判,纳粹德国给人类造成空前的浩劫,那些挑起战争的战犯们干尽了伤天害理的事,如果来一场旷日持久的审判,不是多此一举吗?不是浪费时间吗?不是对这些恶人过于仁慈了吗?法庭不这么认为,萧乾回忆道:"然而纽伦堡战犯的审判的主持者好像在表演耐性,一点也不急于为那些恶魔定罪,把他们送上绞刑架。……法官不是靠木槌而靠如山的铁证,来驳倒被告的狡辩。……法庭不但准许犯人作充分的自我辩解,并且还为他们每人各聘有律师出庭辩护。"[①] 对公认的战犯也以

[①] 转引自陈瑞华《看得见的正义》(第二版),北京大学出版社,2019年,第19页。

第九讲 徒法不足以自行——法治思维简析

最严格的公正程序来审判,而不是简化、跳过程序,直接宣判,来告慰人心,没有坚定的程序意识是做不到的。起初,萧乾对法庭的做法并不是很理解,后来他终于体会到了:"到了一九五七年夏天,我才明白让被告也替自己说说再定罪的必要。及至六十年代中期,我更体会到让被告当众替自己申述不仅仅是对他本人的公道,也是对后人、对历史负责。据我所知,凡在纽伦堡被判刑的,至今没有一个需要改正或平反的,也没有听说过关于当时量刑不当的烦言。"[①] 如果连犯下滔天罪行的罪犯也能受到程序公正的审判,遑论一般人!

在有悠久法治传统的西方发达国家,程序公正的观念早已相当自觉、明确,源远流长。如1215年英格兰颁行的《大宪章》就规定:"除非经由贵族法官的合法裁判或者根据当地法律,不得对任何自由人实施监禁、剥夺财产、流放、杀害等刑罚。"又于1355年颁布的《自由律》规定:"任何人,无论其身份、地位状况如何,未经正当法律程序,不得予以逮捕、监禁、没收财产……或者处死。"[②] 自18世纪以来,英国流传一句话:风能进,雨能进,就是国王不能进。这句话表明了英国人捍卫私有财产的强烈意识。就这句话我们可以稍作发挥:"国王"不是不能进老百姓的屋子,而是不能随意进,必须经过合法的程序。

对比之下,我们国家的传统对程序公正缺乏足够深入的认

---

① 转引自陈瑞华《看得见的正义》(第二版),第20页。
② 转引自陈瑞华《看得见的正义》(第二版),第5页。

识。当然，这不是说我们传统社会在法律上、在社会运转上不讲程序，轻视程序。事实是，传统中国社会法律的实施也有严格、完备的程序。但我们更喜欢绕开程序，越过程序，而且有权力者习惯于对他人讲程序，而对自己则大加放任。小说《西游记》中，如来佛祖坚持唐僧取经要经过八十一难，少一难都不行，取经的程序可谓严格而烦难，但他极力回护手下的公然索贿，还为他们找理由。这个故事虽说是虚构的，不过是戏言，但也反映出传统社会中程序公正普遍建立不起来的深层次的理路。

我们今天的社会已经高度组织化，法治不仅仅是国家对社会的治理方式，也是社会内部最主要的自治方式。所以，增强法治的修养，依循程序公正的观念，亦有助于我们更好地融入社会。

我们以开会为例。开会可谓日常社会生活中最常见的现象，会议有上情下达、集思广益的预期，其实现与否，直接关系到会议的效率和质量。有过开会经验的人大半能感知到，我们开会，质量一般不是很高、有效。许多时候，会议要么开成"一言堂"——变成有权者长篇大论发布指示的专场，绝大多数与会者竖耳陪听；要么严重偏离主题，开到后来七嘴八舌，自说自话，聊天胡侃，离题千里，不知所云；要么群起相攻，争得脸红脖子粗，拍桌子、摔门子、起哄子，最终只好打哈哈散场了事。何以会总是开得没有效率？很大程度上，是对开会的正当程序并未有统一的认识。或者说，公正的会议程序没有事先建立起来，以至于无从保障会议的效果。近些年来，有留学归来者在中国推广"罗伯特议事规则"。这个规则,以美国人亨利·罗伯特命名,其人在他那个时代的议事规则的基础上斟酌损益,加以改良,提炼出更为系统的规则,经过后来者不断完善,该规则业已成为西方社会乃至全球各类组织广为认可的开会程序。该规则很好地体现了法治的精神,是"在竞争环境中为公正平衡和正当维护参与方的利益而设计的精妙程序",其目的是"谨慎仔细地平衡组织和会议当中人或者人群的权利","要让强势一方懂得他们应该让弱势一方有机会自由完整地表达自己的意见,而让弱势一方明白既然他们的意见不占多数,就应该体面地让步,同时,他们仍有权利通过规则来改变局势"。

四、契约精神

英国近代法学家梅因在其名著《古代法》中,有句脍炙人口的话:"所有进步社会的运动,到此处为止,是一个从'身份到契约'的运动。"① 其意是,社会的进步,体现在人身依附关系逐步消失,取而代之的是契约关系;用梅因自己的话来说明,就是:"在以前,'人'的一切关系都是被概括为'家族'关系中的,把这种社会状态作为历史上的一个起点,从这一个起点开始,我们似乎是在不断地向着一种新的社会秩序状态移动,在这种新的社会秩序中,所有这些关系都是因'个人'的自由

---

① [英]梅因《古代法》,沈景一译,商务印书馆,2011年,第112页。

合意而产生。"① 总之，社会越是文明，个人的自主权越是受到尊重和保护，社会秩序有个人彼此的"自由合意"，即自由约定而产生、建构。

身份是与等级联系在一起的，用地位的高低贵贱把人分等、分级，事实上造成一部分人对另一部分人的人身依附，乃至造成所有人对特定的体制的依附，从而不具备人格的独立性。如中国传统社会里，就有君与臣、官与民、父与子、夫与妻等不同身份等级。就君臣来说，有君尊臣卑一说。到了明清以后，君臣的差距简直判若云泥，有种种仪式来强化这种身份差别。就官与民来说，官是高高在上，威风八面，民则如蚁如草。就父与子而言，越到后来，父对子支配权越大，而子对父则须尽单向的孝道，甚至还有"天下无不是的父母"的观念。身份制在女性身上有更集中的表现。过去对女性有所谓"三从"的道德要求，即未嫁从父，已嫁从夫，夫死从子。三种"从"，实际上是否决了女性对她自己的生命拥有自决的权利，她不过是父亲、丈夫以及儿子的依附品。

在身份等级制下，显然并非人人都有资格自作主宰，自己能做自己的主。我们经常看到的，传统社会中平民要去衙门打官司，往往会来上一句：请青天大老爷为草民做主。在民众的意识中，官员不是站在客观的立场上根据事情的是非曲直来做出公正的裁决，而是像父母一样衡情度理考虑，为子民做出恰当的安排。官员的审判，固然必须依律，但很多

---

① ［英］梅因《古代法》，沈景一译，第111页。

时候考虑的是伦理原则。如明代的模范官吏海瑞，他自道判案原则：在案件可疑的情况下，"与其屈兄，宁屈其弟；与其屈叔伯，宁屈其侄"。海瑞所要依据和维护的，还是基于身份差别的人伦。

社会的进步，反映在人从种种身份的桎梏中挣脱出来，而走向日益平等的境地。换言之，平等逐渐发展成社会的共识，发展成不言而喻的自明的道理。平等，首先是人格的平等。人格平等，个人也就独立。独立起来的个人，在广泛的社会交往活动中，就不是依据先定的身份来处理彼此的关系，而只能采取契约的形式，即彼此根据各自的意志来达成彼此合意、认同的协议。所以，契约意味着不同的意志统一起来，凝聚成为一个共同的意志。

就现代社会的日常生活来讲，人与人的基本关系就是个契约关系。个人不再依附某个人、某个组织，而拥有自由选择的权利。他可以根据个人的利益、兴趣，自主加入或者退出某个组织。甚至，在这种自主选择的背后在逻辑上还潜藏着一个更先的契约：人们共同认为，每个人可以自由选择加入或者退出某个组织。

法治状态下的法律，其实也是个契约。卢梭的社会契约论，假设的就是独立的个体，依据各自的意愿以及判断，达成共同的协议，把社会组织成一个政治共同体。法律，乃是以显性的语言把这个隐性的社会契约明晰表达出来。所以，法律不再是某个利益集团的意志，而是不同利益集团相互博弈的产物。

总之，契约奠定了现代社会中人们社会交往的基石，是现代社会占主导的人际关系模式，它实际上是一种灌注于现代社会整个运转过程中的精神。讲法治思维，讲法治的修养，就必须把契约上升到精神的层面来理解，即契约精神。那么，遵守法律，于个人而言，其意义不应是受制于外在的强力，而是发于内心的自觉，因为法律是他本人的自由意志的产物；守法，实际上是对他自己意志自由的尊重。这方面，如我们前面已提到过的，古希腊的苏格拉底是光辉的典范：明明遭受法庭不公平的判决，明明是雅典冤枉了他，有负于他，明明有机会越狱、保全性命，但拒绝一逃了之，决然赴难，所以然者，就因为自尊、自重。中国春秋时代的宋襄公，在与强大的楚国交战时，尽管占据一定的地利和时机的优势，却甘愿放弃，严格恪守军礼——在宽泛的意义上，我们也可把"礼"视为贵族时代的社会契约——"呆板"地作战，结果遭到惨败。宋襄公被后人嘲笑为愚蠢、迂腐，但换一个角度来看，宋襄公单方面地把诚信置于胜负之上，在这点上有古君子自重、自爱的遗风。

推而广之，在一般的社会生活中，契约精神也是不能泯灭的。它要求人们用对话、协商、沟通甚至是博弈的方式来解决问题，以形成共识，达成约定，并尊重、维护这个作为共同意志的约定；契约的订立和履行，本身就是目的，而不应成为一种不得已而为之、择机待变的权宜之计。

我们从法律至上、权利为本、程序公正及契约精神等四个角度简单叙述法治思维的特点。在今天建设法治社会已然成为一项共识，这就意味着，我们将认同法律是支撑社会运转的根本性力量。浩如烟海的法律条文当然不必为人所尽知，事实上也做不到，但是法治应当作为一种思维方式积淀于每个个体的意识中，成为不可缺少的修养。如此，法治才能得以真正建立起来。

进一步阅读书目

导论

彭树欣整理《梁启超修身讲演录》,上海古籍出版社,2018年。
朱光潜《谈修养》,中华书局,2018年。
金耀基《大学之理念》,生活·读书·新知三联书店,2001年。
陈平原《大学有精神》,北京大学出版社,2015年。
何兆武《上学记》,人民文学出版社,2016年。
邓晓芒《批判与启蒙》,崇文书局,2019年。

第一讲

［美］彼得·L. 伯格《与社会学同游》,何道宽译,北京大学出版社,2014年。
林耀华《金翼》,庄孔韶、方静文译,生活·读书·新知三联书店,2015年。
谢遐龄《中国社会是伦理社会》,上海三联书店,2017年。

第二讲

［俄］列夫·托尔斯泰《托尔斯泰谈幸福》，王志耕译，商务印书馆，2016年。

［法］加缪《西西弗斯的神话》，杜小真译，人民文学出版社，2012年。

［英］特里·伊格尔顿《人生的意义》，朱志伟译，译林出版社，2012年。

第三讲

梁漱溟《朝话》，上海人民出版社，2017年。

冯仑《理想丰满》，文化艺术出版社，2012年。

许纪霖《小时代中的理想主义》，广东人民出版社，2017年。

第四讲

［古罗马］奥古斯丁《忏悔录》，周士良译，商务印书馆，2015年。

［美］肯·威尔伯《恩宠与勇气：超越死亡》，胡因梦、刘清彦译，生活·读书·新知三联书店，2013年。

赵紫宸《神学四讲》，商务印书馆，2014年。

何光沪《信仰二十讲》，中国青年出版社，2008年。

第五讲

［美］约瑟夫·R. 斯特雷耶《现代国家的起源》，华佳等译，格致出版社，2011年。

［美］孔飞力《中国现代国家的起源》，陈兼、陈之宏译，生活·读书·新知三联书店，2013年。

［美］本尼迪克特·安德森《想象的共同体：民族主义的起源与散布》（增订版），吴叡人译，上海人民出版社，2019年。

［美］斯蒂芬·格罗斯比《民族主义》，陈蕾蕾译，译林出版社，2017年。

金耀基《中国文明的现代转型》，广东人民出版社，2016年。

郑永年《中国民族主义的复兴》，东方出版社，2016年。

黄兴涛《重塑中华：近代中国"中华民族"观念研究》，北京师范大学出版社，2017年。

第六讲

［英］D. D. 拉斐尔《道德哲学》，邱仁宗译，辽宁教育出版社，1998年。

［德］康德《实践理性批判》，邓晓芒译，人民出版社，2016年。

李泽厚《什么是道德》，华东师范大学出版社，2015年。

何怀宏《伦理学是什么》，北京大学出版社，2015年。

陈嘉映《何谓良好生活》，上海文艺出版社，2018年。

第七讲

林语堂《吾国与吾民》，岳麓书社，2000 年。

费孝通《乡土中国》，人民出版社，2015 年。

黄光国等《人情与面子：中国人的权力游戏》，中国人民大学出版社，2010 年。

阎云翔《私人生活的变革》，龚小夏译，上海人民出版社，2017 年。

翟学伟《中国人的行动逻辑》，生活·读书·新知三联书店，2017 年。

第八讲

[法] 涂尔干《职业伦理与公民道德》，渠敬东译，商务印书馆，2017 年。

《黄炎培职业教育思想文萃》，红旗出版社，2006 年。

钱理群《论志愿者文化》，生活·读书·新知三联书店，2018 年。

第九讲

[英] 丹宁勋爵《法律的正当程序》（第三版），李克强、杨百揆、刘庸安译，法律出版社，2015 年。

[美] 罗斯科·庞德《通过法律的社会控制》，沈宗灵译，商务

印书馆，2010年。
谢晖《法治讲演录》，广西师范大学出版社，2005年。
谢晖《法哲学讲演录》，广西师范大学出版社，2007年。
刘星《西窗法雨》，法律出版社，2013年。
陈瑞华《看得见的正义》（第二版），北京大学出版社，2013年。
王人博、程燎原《法治论》，广西师范大学出版社，2014年。

图书在版编目(CIP)数据

成人之思——与大学生谈人的修养/肖能著. —上海：复旦大学出版社，2020.1
ISBN 978-7-309-14635-6

Ⅰ.①成… Ⅱ.①肖… Ⅲ.①大学生-道德修养-研究-中国 Ⅳ.①G641.6

中国版本图书馆 CIP 数据核字(2019)第 208888 号

成人之思——与大学生谈人的修养
肖　能　著
责任编辑/宋文涛
复旦大学出版社有限公司出版发行
上海市国权路 579 号　邮编：200433
网址：fupnet@fudanpress.com　http://www.fudanpress.com
门市零售：86-21-65642857　团体订购：86-21-65118853
外埠邮购：86-21-65109143
上海崇明裕安印刷厂

开本 890×1240　1/32　印张 6　字数 108 千
2020 年 1 月第 1 版第 1 次印刷

ISBN 978-7-309-14635-6/G·2033
定价：35.00 元

如有印装质量问题，请向复旦大学出版社有限公司发行部调换。
版权所有　侵权必究